日々を生きる力

あなたを励ます聖書の言葉 366

片柳弘史

教文館

はじめに

　聖書の言葉には、不思議な力があります。ほんのわずかな断片に触れただけでも、心が静かに落ち着いてゆくのです。それは、長い年月を生き抜いた言葉に宿る力なのかもしれません。わたしの部屋には、千年以上を生き抜いた屋久杉の古木から彫り出された小さな玉があるのですが、その玉を握ると、なんだか心が落ち着くような気がします。ちょっと、それに似ているかなとわたしは思っています。風雪に耐え、長い年月を生き抜いた言葉には、人の心を静かに落ち着かせる力があるのです。

　静かに落ち着いたわたしたちの心に、言葉が語りかけてきます。人生の旅路に迷ったとき、進むべき道を示してくれる言葉。不安や恐れにかき乱された心を、まっすぐに整えてくれる言葉。傷ついた心を、やさしく包み込んでくれる言葉。それらの言葉は、まるで古木がわたしたちに語りかけているかのように、わたしたちの心にしみこんでゆきます。心の奥深くにまでしみこんで、迷いや恐れ、不安を取り去り、わたしたちの生きる力を呼び覚ましてくれるのです。

この本には、聖書から取り出された言葉の断片が三六六（うるう年も含めた一年分）集められています。一日一頁ずつ読んでもよいし、気の向いたときに、ぱっと開いた頁の言葉を読んでもよいでしょう。どんな読み方をしても、きっと思いがけない発見があるはずです。この本を手にした皆さんの上に、神さまの恵みと祝福があふれんばかりに注がれますように。

※本文中に引用した聖書の言葉（太字部分）と引用箇所の略語（かっこ内）は、基本的に新共同訳聖書に従いました。ただし、読みやすさを考慮し、改行した箇所があります。

1月

1月1日

生きる

生かすためにこそ
神は万物をお造りになった。
世にある造られた物は
価値がある。（知1・14）

神さまがわたしたちを造ったのは、
わたしたちを生かすため。
難しく考える必要はありません。
生きてさえいれば、
それだけで十分に価値があるのです。

すべてに感謝

いつも喜んでいなさい。
絶えず祈りなさい。
どんなことにも感謝しなさい。（一テサ5・16–18）

祈りは謙虚さを生み、
謙虚さは感謝を、
感謝は喜びを生みます。
当たり前のことなど、
何ひとつとしてありません。
すべてに感謝できますように。

1月2日

1月3日

くもりのない目

わたしは、こう祈ります。
知る力と見抜く力とを身に着けて、
あなたがたの愛がますます豊かになり、
本当に重要なことを見分けられるように。（フィリ1・9–10）

怒りや憎しみによって
目をくもらされることなく、
愛の光の中で、
本当によいものを
見つけ出すことができますように。

誠実に生きる

一切誓いを立ててはならない。
……あなたの頭にかけて誓ってはならない。
髪の毛一本すら、あなたは
白くも黒くもできないからである。（マタ5・34、36）

自分の健康や寿命さえ、
自分の思った通りにできないわたしたち。
先のことを誓うより、
いまを誠実に生きることを考えましょう。

1月4日

1月5日

愛の証《あかし》

あなたがたの光を人々の前に輝かしなさい。
人々が、あなたがたの立派な行いを見て、
あなたがたの天の父を
あがめるようになるためである。（マタ5・16）

わたしたちの行いを見た人が、
愛の素晴らしさに気づき、
自分も愛を生きたいと願うようになる。
それほどの愛を、
生きることができますように。

祈りは希望

希望をもって喜び、
苦難を耐え忍び、
たゆまず祈りなさい。（ロマ12・12）

祈るとは、何があっても
決してあきらめないということ。
希望を持ち続けるということ。
明日を信じて、
一歩を踏み出すということなのです。

1月6日

1月7日

捨て身の愛

弱い人に対しては、
弱い人のようになりました。
弱い人を得るためです。
すべての人に対して
すべてのものになりました。
何とかして何人かでも救うためです。（一コリ9・22）

自分のやり方にこだわっていては、
相手を助けることができません。
なりふりかまわず、愛を生きられますように。

見守られている

**主《しゅ》は天から見渡し、
人の子らをひとり御覧になり
御座《みざ》を置かれた所から、
地に住むすべての人に目を留められる。**（詩33・13–14）

厳しく見張っているわけではありません。
神さまは、いつもわたしたちを
やさしく見守っていてくださるのです。
恐れる必要はありません。
安心して、自分の道を進みましょう。

1月8日

1月9日

命の言葉

あなたは永遠の
命の言葉を持っておられます。（ヨハネ6・68）

心の奥深くから湧き上がり、
相手の心を揺さぶる言葉。
恐れや不安を拭い去り、
安らぎと平和をもたらす言葉。
相手の心をうるおし、
生きる力を呼び覚ます言葉。
それこそ、命の言葉です。

神さまの言葉

この方のなさったことはすべて、すばらしい。
耳の聞こえない人を聞こえるようにし、
口の利けない人を話せるようにしてくださる。（マコ7・37）

相手の口を通して
神さまが語っている言葉を、
聞き取ることができますように。
神さまが、
わたしたちの口を通して
相手に伝えたい言葉を話せますように。

1月10日

1月11日

イエスに気づく

**主人が真夜中に帰っても、
夜明けに帰っても、
目を覚ましているのを
見られる僕《しもべ》たちは幸いだ。**（ルカ12・38）

主人であるイエスは、おなかをすかせた人、
着る服や住む家がない人の姿で、
突然、わたしたちのもとに来られます。
その人がイエスだと気づき、
あたたかく迎えることができますように。

愛の権威

これはいったいどういうことなのだ。
権威ある新しい教えだ。
この人が汚《けが》れた霊に命じると、
その言うことを聴く。（マコ1・27）

自分のことを考えず、ただ貧しい人たち、
苦しんでいる人たちのために語る人、
まっすぐな愛に
突き動かされて語る人の言葉には、
悪霊《あくれい》さえ寄せつけない権威があります。

1月12日

1月13日

消化する

わたしは、その小さな巻物を
天使の手から受け取って、食べてしまった。
それは、口には蜜のように甘かったが、
食べると、わたしの腹は苦くなった。（黙10・10）

神さまの言葉は、
甘く、気持ちよく耳に入ってきますが、
心で消化するには時間がかかります。
ゆっくり時間をかけて、
心に深くしみこませましょう。

イエスのやり方

イエスは言われた。
「舟の右側に網を打ちなさい。
そうすればとれるはずだ。」
そこで、網を打ってみると、
魚があまり多くて、
もはや網を引き上げることができなかった。（ヨハ21・6）

自分のやり方にこだわらず、
イエスのやり方に従って、
網を打つことができますように。

1月14日

1月15日

自分の道

わたしは今日も明日も、
その次の日も
自分の道を進まねばならない。（ルカ13・33）

一人ひとりに、
神さまから与えられた
自分だけの道があります。
他人の道をうらやまず、まっすぐ
自分の道を進むことができますように。

1月16日

善い管理者

**あなたがたはそれぞれ、
賜物《たまもの》を授かっているのですから、
神のさまざまな恵みの善い管理者として、
その賜物を生かして互いに仕えなさい。**（一ペト4・10）

神さまは、一人ひとりに、
その人だけの特別な恵みを与えました。
それぞれが、
自分に与えられた恵みを出しあって、
みんなで幸せになるためです。

1月17日

叫ぶ声

キリストは、
肉において生きておられたとき、
激しい叫び声をあげ、涙を流しながら、
御自分を死から救う力のある方に、
祈りと願いとをささげ、
その畏《おそ》れ敬う態度のゆえに
聞き入れられました。（ヘブ5・7）

助けを求めて叫び、祈るわたしたちの願いを、
神さまは必ず聞き入れてくださいます。

賢さと素直さ

蛇のように賢く、
鳩のように素直になりなさい。（マタ10・16）

愛が心を駆り立てるときには、
素直に従うこと。
愛を実践するときには、
賢明にふるまうことが必要です。
愛を生きるために、
素直さと賢さを身につけましょう。

1月18日

愛の奇跡

イエスは……七つのパンを取り、
感謝の祈りを唱えてこれを裂き、
人々に配るようにと
弟子たちにお渡しになった。（マコ8・6）

おなかをすかせた人々のため、イエスは、
持っていたすべてのパンを差し出し、
惜しみなく分かちあいました。
配られたパンが増える以前に、
そのこと自体が奇跡といってよいでしょう。

1月19日

呼びかける声

主《しゅ》は来てそこに立たれ……
サムエルを呼ばれた。
「サムエルよ。」サムエルは答えた。
「どうぞお話しください。
僕《しもべ》は聞いております。」（サム上3・10）

神さまは、わたしたちの名を呼び、
語りかけておられます。
心の奥深くから響くその静かな声に、
気づくことができますように。

1月20日

1月21日

降りてゆく

あなたが祈るときは、
奥まった自分の部屋に入って戸を閉め、
隠れたところにおられる
あなたの父に祈りなさい。（マタ6・6）

神さまは、わたしたちの心の
奥深くに住んでおられます。
神さまのところまで降りてゆき、
神さまだけと一緒に過ごす時間、
それが祈りの時間なのです。

1月22日

まっすぐ生きる

**神は人間をまっすぐに造られたが
人間は複雑な考え方をしたがる。**（コヘ7・29）

人間の心は、愛に向かって
まっすぐ進むように造られています。
あれこれ理由をつけて、
愛に背を向けることがありませんように。
どんなときでも
まっすぐ愛を生きられますように。

1月23日

生まれる前から

母の胎から生まれる前に
わたしはあなたを聖別し
諸国民の預言者として立てた。（エレ1・5）

「聖別する」とは、
特別なものとして扱うということ。
わたしたちはみな、生まれながらに、
特別な恵みを与えられた
特別な存在なのです。

生きよ

どうしてお前たちは死んでよいだろうか。
わたしはだれの死をも喜ばない。
お前たちは立ち帰って、生きよ。（エゼ18・31－32）

死んでしまった方がよい人など、
だれ一人としていません。
どんなことがあっても、
わたしたちはかけがえのない命。
神さまは、わたしたちが
生きることを望んでおられるのです。

1月24日

1月25日

才能を生かす

ある人が……僕《しもべ》たちを呼んで、
……それぞれの力に応じて、
一人には五タラントン、
一人には二タラントン、もう一人には
一タラントンを預けて旅に出かけた。（マタ25・14―15）

「タラントン」は昔の通貨、才能を意味する
「タレント」という言葉の語源。
多い、少ないは関係ありません。
大切なのは、預かったものを生かすことです。

できると信じる

だれでもこの山に向かい、
「立ち上がって、海に飛び込め」と言い、
少しも疑わず、
自分の言うとおりになると信じるならば、
そのとおりになる。（マコ11・23）

できると信じてやってみましょう。
疑えば力が削がれ、
できることさえできなくなります。

1月26日

1月27日

分け隔てなく

栄光に満ちた、わたしたちの主《しゅ》
イエス・キリストを信じながら、
人を分け隔てしてはなりません。（ヤコ2・1）

信じる者にとっては、
出会うすべての人がイエス・キリスト。
年齢や性別、国籍などの違いは、
何の意味も持ちません。

目からうろこ

**たちまち目からうろこのようなものが落ち、
サウロは元どおり見えるようになった。**（使9・18）

神さまが助けの手を差し伸べたとき、
サウロの目からうろこが落ちました。
「目からうろこが落ちる」とは、
あきらめや絶望のうろこが、
目からはがれ落ちるということ。
希望の光に導かれて、
もう一度立ち上がるということなのです。

1月28日

1月29日

希望という錨《いかり》

わたしたちが持っているこの希望は、
魂にとって頼りになる、
安定した錨のようなものであり、
また、至聖所《しせいじょ》の垂れ幕の
内側に入って行くものなのです。（ヘブ6・19）

神さまはわたしたちを決して見捨てない。
必ず助け出してくださる。
不安と絶望の海を漂うことがないよう、
その希望を錨として心に下ろしましょう。

休養の日

安息日は、
人のために定められた。
人が安息日のためにあるのではない。（マコ2・27）

責任感が強すぎて、
休むのが苦手なわたしたち。
そんなわたしたちのために、
神さまは安息日を定めました。
無理に休めというわけではありません。
遠慮なく休んでよいということなのです。

1月30日

1月31日

レバノン杉

彼はゆりのように花咲き
レバノンの杉のように根を張る。
その若枝は広がり
オリーブのように美しく
レバノンの杉のように香る。（ホセ14・6－7）

地面に深く根を下ろし、
大きく育ってゆくレバノン杉。
さわやかな香りで人々の心を癒す、
レバノン杉のように生きましょう。

2月

2月1日

小さなことから

あの預言者が
大変なことをあなたに命じたとしても、
あなたはそのとおりなさったにちがいありません。
あの預言者は、
「身を洗え、そうすれば清くなる」
と言っただけではありませんか。（王下5・13）

挨拶をきちんとする、履物を揃える、
約束の時間を守るなど、
小さなことから生活を正してゆきましょう。

神は愛

愛は忍耐強い。愛は情け深い。ねたまない。
……すべてを忍び、すべてを信じ、
すべてを望み、すべてに耐える。
愛は決して滅びない。（一コリ13・4、7－8）

いまは分かってくれなくても、
いつか必ず分かってくれる。
この思いが、相手の心に届く日が必ずくる。
そう信じて疑わないのが真実の愛。
愛する人を、見捨てることなどできません。

2月2日

2月3日

謙虚な心で

（汚《けが》れた霊が）戻ってみると、
家は掃除をして、整えられていた。
そこで、出かけて行き、
自分よりも悪いほかの七つの霊を連れて来て、
中に入り込んで、住み着く。（ルカ11・25–26）

神さまから特別な恵みを
与えられたからといって思い上がれば、
その人の心は悪霊《あくれい》にとって格好のすみか。
いつも謙虚でいられますように。

信頼の力

お前たちは、立ち帰って
静かにしているならば救われる。
安らかに信頼していることにこそ力がある。（イザ30・15）

自分の力でどうにもならないことは、
騒がず、静かに受け入れましょう。
信頼して安らかな心で待つなら、
どんなにひどい嵐も、
やがて過ぎ去ってゆくでしょう。

2月4日

2月5日

人間の弱さ

主《しゅ》よ、あなたは何もかもご存じです。
わたしがあなたを愛していることを、
あなたはよく知っておられます。（ヨハ21・17）

どんなに相手を愛していても、
不安や恐れ、よくない思いに
引きずられて裏切ってしまう。
神さまは、そんな人間の弱さを知り、
そんな弱ささえ、
あるがままに受け入れてくださる方です。

時を見極める

何事にも時があり
天の下の出来事には
すべて定められた時がある。
生まれる時、死ぬ時、
植える時、植えたものを抜く時……（コヘ3・1−2）

うまくいかないなら、それはまだ
時が来ていないからかもしれません。
あせってすぐにあきらめず、
時が来るのを待ちましょう。

2月6日

2月7日

子供の心で

自分を低くして、
この子供のようになる人が、
天の国でいちばん偉いのだ。（マタ18・4）

大人になって経験を積み、
社会での立場を得ると、
「自分は他の人間より偉い」という
勘違いが起こりがち。
何も持たない子供の心で、
神さまの前に立てますように。

無償の愛

病人をいやし、死者を生き返らせ、
重い皮膚病を患っている人を清くし、
悪霊《あくれい》を追い払いなさい。
ただで受けたのだから、ただで与えなさい。（マタ10・8）

それほどのことをしても、
見返りは求めるなとイエスは言います。
誰かを愛するとは、
何の見返りも求めず、
喜んで奉仕することだからです。

2月8日

2月9日

神の思い

わたしは神であり、人間ではない。
お前たちのうちにあって聖なる者。
怒りをもって臨みはしない。（ホセ11・9）

「神さまからさえ見放された」と、
勝手に決めてはいけません。
神さまは、わたしたちが思う以上に、
わたしたちを思っていてくださる方。
人間にはゆるせなかったとしても、
神さまにゆるせない罪などないのです。

人間の心

お前は人であって神ではない。
ただ、自分の心が神の心のようだ、
と思い込んでいるだけだ。（エゼ28・2）

思った通りにならないからといって
腹を立てるなら、
それは自分を神にするのと同じ。
人間なのだから、
思った通りにならないのが当たり前。
そのことを忘れないようにしましょう。

2月10日

2月11日

幸せな人生

喜びをもって生き
長生きして幸いを見ようと望む者は
舌を悪から唇を偽りの言葉から遠ざけ
悪を避け、善を行い
平和を尋ね求め、追い求めよ。（詩34・13－15）

幸せな人生は、
やさしい言葉の一つひとつ、
よい行いの一つひとつが、
積み重なってできあがるのです。

奇跡を起こす力

イエスは、
「預言者が敬われないのは、
その故郷、家族の間だけである」と言い、
人々が不信仰だったので、
そこではあまり奇跡をなさらなかった。（マタ13・57−58）

相手を信じなければ、
愛を受け止めることはできません。
奇跡を起こす力は愛。
信じることから奇跡が生まれるのです。

2月12日

2月13日

天使の働き

はっきり言っておく。天が開け、
神の天使たちが
人の子の上に昇り降《くだ》りするのを、
あなたがたは見ることになる。（ヨハ1・51）

神さまの思いをわたしたちに届け、
わたしたちの思いを天に届けるために、
絶えず昇り降りする天使たち。
言葉にできない思いさえ、
天使が置き去りにすることはありません。

2月14日

無償の恵み

愛を支配しようと
財宝などを差し出す人があれば
その人は必ずさげすまれる。（雅8・7）

愛はお金で買えません。
愛は、自分の力ではどうにもならないもの、
大切な誰かから無償で与えられる恵み。
それゆえに、
何より尊い人生の宝なのです。

2月15日

弱い者を守る

あなたたちの神、主《しゅ》は神々の中の神……
人を偏り見ず、賄賂を取ることをせず、
孤児と寡婦《かふ》の権利を守り、
寄留者を愛して食物と衣服を与えられる。（申10・17–18）

神さまにとっては、すべての命が、
かけがえのない尊い命。
神さまの望みは、
弱い立場に置かれた人の権利を守り、
国を追われた人々に寄り添うことなのです。

言葉の乱れ

人の口からは、
心にあふれていることが出て来るのである。（マタ12・34）

不安や恐れに満ちた心からは、
極端な言葉、ネガティブな言葉、
喜びや安らぎに満ちた心からは、
穏やかな言葉、やさしい言葉が出てきます。
言葉が乱れ始めたら、
深呼吸して、心を整えるのがよいでしょう。

2月16日

2月17日

希望こそ力

希望の源である神が、
信仰によって得られる
あらゆる喜びと平和とであなたがたを満たし、
聖霊の力によって
希望に満ちあふれさせてくださるように。（ロマ15・13）

希望こそ、わたしたちを立ち上がらせ、
前に向かって進ませる力。
希望さえあれば、
乗り越えられない困難などありません。

2月18日

心の迷い

惑わされないように気をつけなさい。
わたしの名を名乗る者が大勢現れ、
「わたしがそれだ」とか、
「時が近づいた」とか言うが、
ついて行ってはならない。（ルカ21・8）

恐怖心や不安をあおる人に、
惑わされてはいけません。
信じてよいのは、
喜びと平和をもたらす人だけです。

2月19日

弱いからこそ

わたしの恵みは
あなたに十分である。
力は弱さの中でこそ
十分に発揮されるのだ。（二コリ12・9）

自分の弱さを素直に認め、
「もう無理です。あとのことは、
わたしを使ってあなたがやってください」と
祈りましょう。そのとき、
神の無限の力があなたを動かし始めます。

よい指導者

まず自分の目から丸太を取り除け。
そうすれば、はっきり見えるようになって、
兄弟の目にあるおが屑《くず》を
取り除くことができる。（ルカ6・42）

人を指導したいなら、
まず自分の中にある思い込みや偏見を
取り除く必要があります。
そうすれば、よく見えるようになり、
よい指導者になれるでしょう。

2月20日

2月21日

第二の間違い

あなたがわたしと共に
いるようにしてくださった女が、
木から取って与えたので、食べました。（創3・12）

自分の犯した間違いを、
エバのせいにしようとしたアダム。
木の実を食べただけでなく、
他人のせいにするという、
第二の間違いを犯してしまったのです。
自分の間違いを、素直に認められますように。

癒やしと平和

狼と小羊は共に草をはみ、
獅子は牛のようにわらを食べ、
蛇は塵《ちり》を食べ物とし
わたしの聖なる山のどこにおいても
害することも滅ぼすこともない。（イザ65・25）

心の傷が癒やされたなら、
互いに傷つけあう必要など
どこにもないと気づくでしょう。
癒やしと平和が実現しますように。

2月22日

2月23日

感謝の歌

新しい歌を
主《しゅ》に向かって歌え。
主は驚くべき御業《みわざ》を成し遂げられた。（詩98・1）

喜びが心を満たすとき、
わたしたちの口から
感謝の歌が湧き上がります。
新しい一日の恵みを、
心から喜び、
今日も新しい歌を歌いましょう。

一刻も早く

イエスが、「黙れ。この人から出て行け」
とお叱りになると、
汚《けが》れた霊はその人にけいれんを起こさせ、
大声をあげて出て行った。（マコ1・25－26）

人間にとりついた悪霊《あくれい》に、
イエスは厳しく、
「出て行け」と言い放ちました。
悪霊にとりつかれた人を、一刻も早く
苦しみから解放したかったのです。

2月24日

2月25日

愛の業《わざ》

神がお遣《つか》わしになった者を信じること、
それが神の業である。（ヨハ6・29）

神さまは人間を愛している、
わたしたちは誰もが、
かけがえのない神の子だ。
まずはそれを信じましょう。
すべてのよい行いは、
愛を信じることから始まるのです。

神の掟《おきて》

あなたたちは神の掟を捨てて、
人間の言い伝えを固く守っている。（マコ7・8）

苦しんでいる人に
助けの手を差し伸べること、
互いに愛しあうこと。
それこそ、生まれたときから
わたしたちの心に刻まれている神の掟。
勝手な解釈で歪めることなく、
文字通り守れますように。

2月26日

2月27日

どちらでも

**彼らをつまずかせないようにしよう。
湖に行って釣りをしなさい。
最初に釣れた魚を取って口を開けると、
銀貨が一枚見つかるはずだ。**（マタ17・27）

神の子でありながら、
神殿税を納めることに合意したイエス。
無用な争いを避けるため、
どちらでもよいこと、
譲ってもよいことは譲れますように。

人間同士

心ない者は友人を侮《あなど》る。
英知ある人は沈黙を守る。（箴11・12）

お互い弱い人間同士、
ゆるしあい、
助けあわずには生きてゆけない。
そのことを知っている人は、
間違いを犯した友だちを馬鹿にしません。
ただ、黙って助けの手を差し伸べるのです。

2月28日

2月29日

感謝を忘れない

あなたは初めのころの愛から離れてしまった。
だから、どこから落ちたかを思い出し、
悔い改めて初めのころの行いに立ち戻れ。（黙2・4－5）

一緒にいることが、
当たり前ではありません。
二人が出会えたこと、
いまともに生きていることを、
心から感謝しましょう。

3

月

3月1日

助けあうため

人が独りでいるのは良くない。
彼に合う助ける者を造ろう。（創2・18）

競いあい、傷つけあうためではなく、
互いに支えあい、助けあうために、
神さまはわたしたちを、
それぞれ違ったものとして造られました。
神のみ旨《むね》のままになりますように。

喜びの種

今泣いている人々は、
幸いである、
あなたがたは笑うようになる。（ルカ6・21）

どんな悲しみも、神さまの手の中で
喜びに変わる日がやってきます。
今流す涙は、やがて咲く喜びの花の種。
その日を信じて、
乗り越えることができますように。

3月2日

3月3日

雨の後には

冬は去り、雨の季節は終った。
花は地に咲きいで、小鳥の歌うときが来た。
この里にも山鳩の声が聞こえる。（雅2・11–12）

イスラエルでは、冬は雨の季節。
春の訪れとともに、
冬の雨を吸い込んだ土地に
美しい花々が咲き、
鳥たちは喜びの歌を歌います。
雨の後には、喜びが待っているのです。

光の方へ

光が世に来たのに、
人々はその行いが悪いので、
光よりも闇の方を好んだ。
それが、もう裁きになっている。（ヨハ3・19）

間違いを決して認めない
かたくなな心には、
どんな光も届きません。
素直に認め、
光に心を開きましょう。

3月4日

3月5日

有り余る恵み

「わたしが五千人に五つのパンを裂いたとき、
集めたパンの屑《くず》で
いっぱいになった籠は、幾つあったか。」
弟子たちは、「十二です」と言った。（マコ8・19）

わずか五つのパンが、五千人でも
食べきれないほど増えました。
神さまは、必要な分だけでなく、
有り余るほどの恵みを
与えてくださる方なのです。

遅くはない

自分の分を受け取って帰りなさい。
わたしはこの最後の者にも、
あなたと同じように支払ってやりたいのだ。（マタ20・14）

生まれながらの善人にも、
人生の最後で悔い改めた人にも、
神さまは同じように
天国の恵みを与えてくださいます。
悔い改めるのに、
遅すぎるということはありません。

3月6日

3月7日

いつか必ず

涙と共に種を蒔《ま》く人は
喜びの歌と共に刈り入れる。（詩126・5）

相手の話をよく聞いて、
ゆるし、いたわり、寄り添う人、
日々根気よく
愛の種を蒔き続ける人は、
いつか必ず、
その実りを手にするでしょう。

働けなくても

空の鳥をよく見なさい。
種も蒔かず、刈り入れもせず、
倉に納めもしない。
だが、あなたがたの天の父は
鳥を養ってくださる。（マタ6・26）

働けなくても、
心配する必要はありません。
精いっぱい生きる命を、
神さまは必ず養ってくださいます。

3月8日

3月9日

迷わず選ぶ

天の国は次のようにたとえられる。
商人が良い真珠を探している。
高価な真珠を一つ見つけると、
出かけて行って持ち物を
すっかり売り払い、それを買う。（マタ13・45–46）

これこそが自分の幸せだと
確信できる生き方を見つけたなら、
これまでの生き方にこだわらず、
迷わずそれを選びましょう。

小さな掟《おきて》

これらの最も小さな掟を一つでも破り、
そうするようにと人に教える者は、
天の国で最も小さい者と呼ばれる。（マタ5・19）

小さなことをゆるがせにすれば、
そこから全体が崩れる。
愛とはそのようなもの。
小さなことを大切にしましょう。

3月10日

3月11日

人生の宝

何を守るよりも、
自分の心を守れ。
そこに命の源がある。（箴4・23）

わたしたちの心の
奥深くから湧き出す愛の泉。
それこそわたしたちの命の源。
その泉を、
いつも清らかに守れますように。

愛の刻印

皇帝のものは皇帝に、
神のものは神に返しなさい。（マコ12・17）

皇帝の刻印が押された銀貨は、
皇帝に返せとイエスは言いました。
神さまの愛の刻印が押された
わたしたちの心は、
神さまにお返しするのがよいでしょう。

3月12日

3月13日

終わりはない

わたしの父は
今もなお働いておられる。
だから、わたしも働くのだ。（ヨハ5・17）

苦しんでいる人がいる限り、
神さまはその人を助けるために
働き続けます。
イエスも働き続け、
わたしたちも働き続けるのです。

永遠の栄光

わたしが自分自身のために
栄光を求めようとしているのであれば、
わたしの栄光はむなしい。（ヨハ8・54）

どれほど大きな栄光も、
時間の流れに押し流され、
忘却のかなたに消えてゆきます。
誰かのためにささげた愛、
それだけが永遠に残るのです。

3月14日

3月15日

愛にとどまる

**（わたしは）顔を隠さずに、
嘲《あざけ》りと唾を受けた。
主《しゅ》なる神が助けてくださるから、
わたしはそれを嘲りとは思わない。**（イザ50・6－7）

長い目で見れば、
悪は必ず滅び、
最後に残るのは純粋な愛。
恐れる必要はありません。
愛にとどまり続けましょう。

3月16日

知り尽くせない

主《しゅ》が来られるまでは、
先走って何も裁いてはいけません。
主は闇の中に隠されている秘密を
明るみに出し、
人の心の企てをも明らかにされます。（一コリ4・5）

わたしたちは、相手の心を、
隅々まで知ることができません。
決めつけて切り捨てるのではなく、
謙虚な心で受け入れましょう。

3月17日

共に担う

イエスの十字架のそばには、
その母と母の姉妹、
クロパの妻マリアと
マグダラのマリアとが立っていた。(ヨハ19・25)

母マリアは、十字架の傍らで懸命に祈り、
イエスと共に苦しみを担いました。
マリアはわたしたちにとっても母。
わたしたちが苦しむとき、
マリアは必ず隣にいてくださいます。

あきらめない

わたしをお遣《つか》わしになった方の御心《みこころ》とは、
わたしに与えてくださった人を
一人も失わないで、
終わりの日に復活させることである。（ヨハ6・39）

何度失敗したとしても、
神さまがわたしたちに
愛想をつかすことはありません。
大切なのは、わたしたち自身が
自分に愛想をつかさないことなのです。

3月18日

3月19日

苦しむ人の神

あなたがたの中に、
百匹の羊を持っている人がいて、
その一匹を見失ったとすれば、
九十九匹を野原に残して、見失った一匹を
見つけ出すまで捜し回らないだろうか。（ルカ15・4）

神さまの愛を知っているのは、
深い孤独と痛みの中で
助けを求めて叫んだことがある人だけ。
神さまは、苦しむ人々の神なのです。

神秘に気づく

宇宙の働きを知り、
それを見極めるほどの力があるなら、
なぜそれらを支配する主《しゅ》を
もっと早く見いだせなかったのか。（知13・9）

花や木々の美しさの中に、
人体の繊細な構造の中に、
壮大な宇宙の動きの中に、
神さまの偉大さを
見つけ出すことができますように。

3月20日

3月21日

足を洗う

主《しゅ》であり、師であるわたしが
あなたがたの足を洗ったのだから、
あなたがたも互いに
足を洗い合わなければならない。（ヨハ13・14）

互いに足を洗い合うとは、
互いが、ありのままの自分を
相手にさらけ出すということ。
あるがままの相手を受け入れ、
互いに愛しあって生きるということです。

それでも愛する

イエス御自身は彼らを信用されなかった。
……イエスは、何が人間の心の中にあるかを
よく知っておられたのである。（ヨハ2・24－25）

調子のよいことを言っていても、
命の危険を感じれば、
たちまち逃げ出してしまう。
イエスは、人間のそのような弱さを
よく知っておられました。知った上で、
それでも愛してくださったのです。

3月22日

3月23日

自分の蒔《ま》いた種

人は、自分の蒔いたものを、
また刈り取ることになるのです。（ガラ6・7）

相手の話に耳を傾けないなら、
相手もきっと、
同じようにするでしょう。
思い上がって相手を見下せば、
相手もきっと、
同じようにするでしょう。
すべては自分の蒔いた種なのです。

海に投げ込む

主《しゅ》は再び我らを憐《あわ》れみ
我らの咎《とが》を抑え
すべての罪を海の深みに投げ込まれる。（ミカ7・19）

海に投げ込まれた罪は、
もうわたしたちを
追いかけてきません。
安心して、
一からすべてを
やり直せばよいのです。

3月24日

3月25日

枕する所

狐には穴があり、
空の鳥には巣がある。
だが、人の子には枕する所もない。（マタ8・20）

狐や鳥には居場所があっても、
人間の自分には居場所がない。
イエスはその苦しさを、
よく知っておられました。
だからこそ、すべての人のために
居場所を作ろうとしたのです。

根を伸ばす

良い土地に蒔《ま》かれたもの（種）とは、
御言葉《みことば》を聞いて悟る人であり、
あるものは百倍、あるものは六十倍、
あるものは三十倍の実を結ぶのである。（マタ13・23）

たくさんの実を結ぶには、
深い根が必要です。
納得がゆくまでとことん考え、
心の奥深くまで根を伸ばしましょう。

3月26日

信じて待つ

わたしのために命を捨てると言うのか。
はっきり言っておく。
鶏《にわとり》が鳴くまでに、あなたは三度
わたしのことを知らないと言うだろう。（ヨハ13・38）

やがて自分を裏切る弟子を、
それでも信頼し続けたイエス。
信頼とは、「この人なら、
いつか必ず分かってくれる」
と信じて待ち続けることなのです。

3月27日

愛の一部

わたしが去って行くのは、
あなたがたのためになる。
わたしが去って行かなければ、
弁護者は
あなたがたのところに来ないからである。
（ヨハ16・7）

その人がいなくなって、
初めて、自分にとってその人がどれほど
大切な存在だったか気づくことがあります。
別れも愛の、大切な一部なのです。

3月28日

3月29日

苦しみの意味

イエスは大声で叫ばれた。

「エリ、エリ、レマ、サバクタニ。」

これは、「わが神、わが神、
なぜわたしをお見捨てになったのですか」

という意味である。（マタ27・46）

「なぜ」の答えは誰も知りません。
イエスとともに問い続け、
イエスとともに苦しみを乗り越えるなら、
そのとき答えは示されるでしょう。

変わらないもの

あなたがたはこれらの物に見とれているが、
一つの石も崩されずに
他《た》の石の上に残ることのない日が来る。（ルカ21・6）

目に見えるものは、
どれほど美しく、立派なものでも
やがて崩れ去るときがきます。
本当に偉大なのは、
目には見えないもの、
いつまでも変わらない真実の愛なのです。

3月30日

3月31日

歩み続ける

イエスが「来なさい」
と言われたので、
ペトロは舟から降りて水の上を歩き、
イエスの方へ進んだ。（マタ14・29）

信じて疑わなければ、
どんな困難な情況も
きっと乗り越えられるはず。
立ち止まってよそ見をせず、
前だけを見て進みましょう。

4月

4月1日

新たな一歩

神よ、わたしの内に清い心を創造し、
新しく確かな霊を授けてください。（詩51・12）

悔い改めるたびごとに、
わたしたちの心は、
まったく新しく生まれ変わります。
汚《けが》れも傷もない新しい心で、
新しい一歩を踏み出しましょう。

天使の導き

見よ、わたしは
あなたの前に使いを遣《つか》わして、
あなたを道で守らせ、
わたしの備えた場所に導かせる。（出23・20）

目には見えない天使が、
いつもわたしたちを導いています。
間一髪で助かったなら、
それは偶然ではありません。
天使があなたを守ってくれたのです。

4月2日

4月3日

それぞれの役割

皆が使徒であろうか。
皆が預言者であろうか。
皆が教師であろうか。
皆が奇跡を行う者であろうか。（一コリ12・29）

体の一つひとつの部分に、
それぞれ欠かせない役割があるように、
この世界の中で、わたしたち
一人ひとりにも欠かせない役割があります。
自信をもって、その役割を果たしましょう。

互いを磨く

鉄は鉄をもって研磨する。
人はその友によって研磨される。（箴27・17）

互いが自分の正しさを主張すれば、
激しくぶつかりあい、
互いに傷つくだけでしょう。
互いが自分の弱さを認め、
相手のよさを受け入れるからこそ、
少しずつ磨かれてゆくのです。

4月4日

4月5日

自分を差し出す

惜しんでわずかしか種を蒔《ま》かない者は、
刈り入れもわずかで、
惜しまず豊かに蒔く人は、
刈り入れも豊かなのです。（二コリ9・6）

種を惜しみなく蒔く人は、
豊かな穀物の実りを手にし、
自分を惜しみなく差し出す人は、
豊かな愛の実りを手にするでしょう。

隣人を愛する

どんな掟《おきて》があっても、

「隣人を自分のように愛しなさい」

という言葉に要約されます。（ロマ13・9）

相手をじっと見つめ、
相手も自分と同じように、
さまざまな弱さや欠点を抱えながら、
それでも精いっぱい生きようとしている
と気づくとき、わたしたちはその人を、
愛さずにいられなくなるでしょう。

4月6日

4月7日

まずは聞く

**だれでも、聞くのに早く、話すのに遅く、
また怒るのに遅いようにしなさい。
人の怒りは神の義を実現しないからです。**（ヤコ1・19–20）

聞いて、さらに聞いて、また聞き直して、
話すのはそれからでも遅くありません。
怒りを感じたなら、
怒っている自分の心の声にも耳を傾け、
怒りを鎮めてから話しましょう。

愛のしるし

どうして、今の時代の者たちは
しるしを欲しがるのだろう。（マコ8・12）

「しるし」とは、神さまの愛の
目に見える証拠のこと。
「しるし」はすでに与えられています。
道端に咲く花、公園の木々、
空を飛ぶ鳥、頬をなでる風、
すべては神さまの愛の「しるし」なのです。

4月8日

4月9日

宝を見つける

誠実な友は、堅固な避難所。
その友を見いだせば、
宝を見つけたも同然だ。
誠実な友は、何ものにも代え難く、
そのすばらしい値打ちは計り難い。（シラ6・14－15）

肩書や財産によって結ばれた人は、
それがなくなれば離れてゆくでしょう。
何があっても変わらない、
人間同士の友情を見つけられますように。

澄んだ目

体のともし火は目である。
目が澄んでいれば、
あなたの全身が明るいが、
濁っていれば、全身が暗い。（マタ6・22–23）

確信や決意は目を澄ませ、
疑いや迷いは目をくもらせます。
自分の使命を思い出し、
疑いや迷いを
心の中から追い出しましょう。

4月10日

4月11日

整えられる

霊の結ぶ実は愛であり、
喜び、平和、寛容、親切、
善意、誠実、柔和、節制です。（ガラ5・22−23）

愛で心が満たされているとき、
わたしたちの心は整い、
生活も隅々まで整ってゆきます。
大切な人の顔を思い出し、
心と生活をしっかり整えましょう。

働くことの意味

落ち着いた生活をし、
自分の仕事に励み、
自分の手で働くように努めなさい。（一テサ4・11）

与えられた役割を果たすことで、
周りの人と深い交わりを結び、
与えられた場所に
深く根を下ろしてゆくわたしたち。
下ろした根が深いほど、
人生の実りは豊かになるでしょう。

4月12日

4月13日

愛の中で

わたしは植え、
アポロは水を注いだ。しかし、
成長させてくださったのは神です。（一コリ3・6）

丁寧に種を蒔《ま》き、
こまめに水を注いでも、
それだけでは育ちません。
人間の心は、
愛の中でこそ成長するのです。

相手の中のイエス

安心しなさい。わたしだ。
恐れることはない。（マタ14・27）

目の前にいるのが
イエスだと気づかず、
おびえている弟子たちに、
イエスはこう語りかけました。
どんな相手の中にも、
必ずイエスがおられます。
恐れる必要はありません。

4月14日

4月15日

みんなのために

朽《く》ちる食べ物のためではなく、
いつまでもなくならないで、
永遠の命に至る食べ物のために働きなさい。（ヨハ6・27）

自分が食べるためだけに
働いていると、
ときどき虚しさを感じます。
みんなが食べられる世界を
実現するために働いていれば、
虚しさを感じることはありません。

挨拶の力

イエスが行く手に立っていて「おはよう」と言われたので、婦人たちは近寄り、イエスの足を抱き、その前にひれ伏した。（マタ28・9）

復活したイエスの第一声は
「おはよう」でした。
たった一言の挨拶にも、
心を通わせ、安らぎを与え、
救いをもたらす力があるのです。

4月16日

4月17日

愛でなければ

わたしは大地に飢えを送る。
それはパンに飢えることでもなく
水に渇くことでもなく
主《しゅ》の言葉を聞くことのできぬ飢えと渇きだ。（アモ8・11）

おなかの飢えはパンで満たせますが、
人生の意味への飢えは
愛でなければ満たせません。
喉の渇きは水で癒やせますが、
魂の渇きは愛でなければ癒やせません。

乗り越える力

何をどう言い訳しようか、
何を言おうかなどと心配してはならない。
言うべきことは、
聖霊がそのときに教えてくださる。（ルカ12・11－12）

苦しみがやってくるときには、
必ずそれを
乗り越えるための力も与えられます。
いまから心配する必要はありません。

4月18日

4月19日

喜びを語る

わたしたちは、見たことや聞いたことを話さないではいられないのです。（使4・20）

心を満たした喜びは、
うきうきした態度や、
笑顔となってあふれ出します。
もし言葉が通じなくても、
わたしたちの全身が、
その喜びを語るでしょう。

愛の食卓

肥えた牛を食べて憎み合うよりは
青菜の食事で愛し合う方がよい。（箴15・17）

大きな家に住み、
贅沢な食事をしていても、
家族がいがみあっていれば、
少しも楽しくありません。
たとえ貧しくても、
家族が仲よく食卓を囲んでいるなら、
そこには確かに幸せがあります。

4月20日

4月21日

背負える重さ

疲れた者、重荷を負う者は、
だれでもわたしのもとに来なさい。
休ませてあげよう。（マタ11・28）

重くのしかかる心配事があるなら、
神さまにそれを打ち明けましょう。
一人で背負えば重すぎる荷物も、
誰かに打ち明け、
誰かとともに担うなら、
なんとか背負える重さになります。

本当の知恵

日数がものを言い
年数が知恵を授けると思っていた。
しかし、人の中には霊があり
悟りを与えるのは全能者の息吹なのだ。
（ヨブ32・7－8）

まだ若いからといって、
知恵がないとは限りません。
謙虚な心で忍耐強く探し求めるなら、
知恵は誰の心にもやってくるのです。

4月22日

4月23日

目が開く

イエスはパンを取り、賛美の祈りを唱え、
パンを裂いてお渡しになった。
すると、二人の目が開け、
イエスだと分かったが、
その姿は見えなくなった。（ルカ24・30－31）

食卓を囲んでパンを分かちあうとき、
わたしたちは家族や友だちの中に
イエスがおられること、その人こそが
イエスであることに気づくのです。

愛の風

風は思いのままに吹く。
あなたはその音を聞いても、
それがどこから来て、
どこへ行くかを知らない。（ヨハ3・8）

愛は、人間の思いを超えたもの。
わたしたちは、
愛が自分をどこへ運ぶのか、
想像することさえできません。
ただ、愛に身を任せて生きるだけです。

4月24日

4月25日

神の呼びかけ

あなたの目は常に
あなたを導かれる方を見る。
あなたの耳は、背後から語られる言葉を聞く。
「これが行くべき道だ、ここを歩け
右に行け、左に行け」と。（イザ30・20−21）

神さまは、すべての出会い、
すべての出来事を通して
わたしたちを導いてくださる方。
その呼びかけを聞き取れますように。

名をつける

主《しゅ》なる神は、野のあらゆる獣、
空のあらゆる鳥を土で形づくり、
人のところへ持って来て、
人がそれぞれをどう呼ぶか見ておられた。
人が呼ぶと、それはすべて、
生き物の名となった。（創2・19）

名をつけるとは、それが自分にとって
特別なものになるということ。
すべての生き物を大切に守れますように。

4月26日

4月27日

よいところ

兄弟愛をもって互いに愛し、
尊敬をもって
互いに相手を優れた者と思いなさい。（ロマ12・10）

すべての命は、
神さまによって造られたもの。
悪いところを見つけてけなすなら、
それは神さまをけなすのと同じ。
よいところを見つけて褒めるなら、
それは神さまを褒めたたえるのと同じです。

何もいらない

（弟子たちが）陸に上がってみると、
炭火がおこしてあった。
その上に魚がのせてあり、パンもあった。（ヨハ21・9）

疲れて帰ってくる弟子たちのために、
イエスはご自分で魚とパンを準備しました。
何も持ってゆく必要はありません。
わたしたちはただ、
イエスのもとに帰ればよいのです。

4月28日

4月29日

退く時間

大勢の群衆が、教えを聞いたり
病気をいやしていただいたりするために、
集まって来た。だが、イエスは
人里離れた所に退いて祈っておられた。（ルカ5・15）

奉仕するのはよいことですが、
それだけでは疲れ果て、
心がすり減ってしまいます。
ときには退き、
心を癒やすための時間をとりましょう。

違いを越えて

イエスは十二人の弟子を呼び寄せ、
汚《けが》れた霊に対する権能をお授けになった。（マタ10・1）

イエスは、性格も職業も考え方も、
まったく違う十二人を弟子に選びました。
弟子たちが、
あらゆる違いを越えて
互いを受け入れあうことが、
神の愛の何よりの証《あかし》になるからです。

4月30日

5

月

5月1日

原点に帰る

ほかの町にも
神の国の福音《ふくいん》を
告げ知らせなければならない。
わたしはそのために遣《つか》わされたのだ。（ルカ4・43）

どちらに進むか迷ったときは、
何のためにこの道を
歩き始めたのかを思い出しましょう。
原点さえ忘れなければ、
道に迷うことはありません。

砕かれた心

主《しゅ》は助けを求める人の叫びを聞き
苦難から常に彼らを助け出される。
主は打ち砕かれた心に近くいまし
悔いる霊を救ってくださる。（詩34・18―19）

自分の限界を知って
打ち砕かれた心を、
神さまは放っておきません。
愛を注いで心をよみがえらせ、
必ず立ち上がらせてくださいます。

5月2日

5月3日

本当の知恵

自分はこの世で
知恵のある者だと考えているなら、
本当に知恵のある者となるために
愚かな者になりなさい。（一コリ3・18）

本当に知恵のある者とは、
自分はまだ、この世界について
ほとんど何も知らないと知っている人。
謙虚な心で世界と向かいあい、
学び続けることができますように。

生命の神秘

人が土に種を蒔《ま》いて、
夜昼、寝起きしているうちに、
種は芽を出して成長するが、
どうしてそうなるのか、その人は知らない。（マコ4・26－27）

もとの木々や草花と
同じ姿に成長してゆく命が、
乾いた小さな種の中に、
ぎゅっと詰め込まれている。
生命の神秘としかいいようがありません。

5月4日

5月5日

神さまの子ども

どうしてわたしを捜したのですか。
わたしが自分の父の家にいるのは
当たり前だということを、
知らなかったのですか。（ルカ2・49）

子どもは、自分の子どもである以前に、
父である神さまの子ども。
「神さまが、この子のために
一番よい道を準備してくださる。」
そう信じて、神さまの手に委ねましょう。

天使たちの祈り

これらの小さな者を
一人でも軽んじないように気をつけなさい。
言っておくが、彼らの天使たちは
天でいつもわたしの天の父の
御《み》顔《かお》を仰いでいるのである。（マタ18・10）

神さまが遣《つか》わした天使が、いつでも
わたしたちのために祈っています。
わたしたちが祈れないときでも、
天使たちが祈っていてくれるのです。

5月6日

5月7日

必要なもの

祈るときは、異邦人のように
くどくどと述べてはならない。
……あなたがたの父は、願う前から、
あなたがたに必要なものをご存じなのだ。（マタ6・7–8）

いまの自分に何が必要なのかさえ、
よく分かっていないわたしたち。
「いまのわたしに、
本当に必要なものをお与えください」
と祈る以外にありません。

神さまの家

わたしの父の家には住む所がたくさんある。
もしなければ、あなたがたのために
場所を用意しに行くと言ったであろうか。（ヨハ14・2）

神さまは、
弱さや欠点を抱えたわたしたちを、
あるがままに受け入れてくださる方。
神さまの家では、
すべての人に居場所があるのです。

5月8日

5月9日

ひとつの家族

だれでも、
わたしの天の父の御心《みこころ》を行う人が、
わたしの兄弟、姉妹、また母である。（マタ12・50）

民族や文化、国籍の違いさえ超えて、
イエスは、わたしたちを
家族の絆で結びました。
互いを敬い、
受け入れる愛の中で、
ひとつの家族になれますように。

痛みを知る

**自分も体を持って
生きているのですから、
虐待されている人たちのことを
思いやりなさい。**（ヘブ13・3）

相手の痛みを想像できるのは、
自分自身にも体があり、
痛みを味わったことがあるから。
相手の痛みを思いやるためにこそ、
この傷つきやすい体が与えられたのです。

5月10日

5月11日

福《ふく》音《いん》を告げる

**キリストがわたしを遣《つか》わされたのは、
洗礼を授けるためではなく、
福音を告げ知らせるためであり、
しかも、……言葉の知恵によらないで
告げ知らせるためだからです。**（一コリ1・17）

福音とは、神さまはわたしたちを
誰一人として見捨てないということ。
福音を、口先だけではなく、
生き方によって証明できますように。

愛しあう自由

この自由を得させるために、
キリストはわたしたちを
自由の身にしてくださったのです。
だから、しっかりしなさい。
奴隷の軛《くびき》に二度とつながれてはなりません。
（ガラ5・1）

キリストの自由とは、
怒りや憎しみから解放されて、
互いに愛しあう自由のことです。

5月12日

5月13日

命を救う

医者を必要とするのは、
丈夫な人ではなく病人である。（マタ9・12）

医者の使命は、
病人を苦しみから解放し、
その人の命を救うこと。
イエスの使命は、
罪人を間違いから解放し、
その人の命を救うことなのです。

いつか分かる

わたしのしていることは、
今あなたには分かるまいが、
後で、分かるようになる。（ヨハ13・7）

親から受けた愛の深さは、
自分が成長してから分かるもの。
成長しなければ分からない、
神さまの愛もあるのです。
今は分からなかったとしても、
いつか必ず、分かる日がくるでしょう。

5月14日

5月15日

抱きしめる

立って行って、あの子を抱き上げ、
お前の腕で
しっかり抱き締めてやりなさい。（創21・18）

子どもたちが苦しみの中に
放っておかれることを
神さまは望んでおられません。
わたしたちが行って、
しっかり抱きしめ、
愛のぬくもりを伝えましょう。

5月16日

神が宿るとき

いまだかつて神を見た者はいません。
わたしたちが互いに愛し合うならば、
神はわたしたちの内にとどまってくださり、
神の愛がわたしたちの内で
全《まっと》うされているのです。（一ヨハ4・12）

相手をゆるして受け入れるとき、
抱きあった二人の目から
喜びの涙がこぼれ落ちるとき、
神さまは、わたしたちの間におられます。

5月17日

涙をふいて

後ろを振り向くと、
イエスの立っておられるのが見えた。
しかし、それがイエスだとは分からなかった。（ヨハ20・14）

泣いているうちにますます悲しくなり、
悲しみから抜け出せなくなってしまう。
そんなことがときどきあります。
涙をふいて顔を上げれば、
きっと希望が見つかるでしょう。

成熟する

あなたがたの天の父が完全であられるように、
あなたがたも完全な者となりなさい。（マタ5・48）

「完全」とは、
どんな相手でも愛せるほど、
十分に成熟しているということ。
どんな人間にも
苦しみや痛みがあることを知り、
敵のためにさえ祈れるほどの成熟に、
達することができますように。

5月18日

5月19日

天国への扉

金持ちが天の国に入るのは難しい。
重ねて言うが、金持ちが神の国に入るよりも、
らくだが針の穴を通る方がまだ易しい。（マタ19・23－24）

イエスがいう「金持ち」とは、
貧しい人たちを踏みつけにして、
富を積み上げる人たちのこと。
貧しい人たちの苦しみに気づき、
富を分かちあう決意をすれば、
天国への扉は開かれるでしょう。

涙の力

イエスは、母とそのそばにいる
愛する弟子とを見て、
母に、「婦人よ、御覧なさい。あなたの子です」
と言われた。それから弟子に言われた。
「見なさい。あなたの母です。」（ヨハ19・26－27）

これはイエスが、十字架の上から
母と弟子に残した最期の言葉。
イエスが最期まで考えていたのは、
残される人たちの幸せだったのです。

5月20日

語るべきとき

**時宜《じぎ》にかなって語られる言葉は
銀細工に付けられた金のりんご。**（箴25・11）

「沈黙は金、雄弁は銀」と
言いますが、もっと大切なのは、
言葉を発するタイミング。
語るべきときに語られる言葉には、
金銀を上回る価値があるのです。

5月21日

挑戦する熱意

熱くも冷たくもなく、なまぬるいので、
わたしはあなたを
口から吐き出そうとしている。（黙3・16）

失敗することはないけれど、
何かに挑戦することもない。
そのようななまぬるさを、
神さまは望んでいません。
たとえ失敗したとしても、
挑戦する熱意を持ちましょう。

5月22日

5月23日

鏡に映った自分

だれでも高ぶる者は低くされ、
へりくだる者は高められる。（ルカ14・11）

思い上がって相手を見下す人は、
相手からも見下され、
謙虚な心で相手を敬う人は、
相手からも敬われるでしょう。
相手の態度は、
わたしたちの態度を映す鏡なのです。

愛を選ぶ

安息日に律法で許されているのは、
善を行うことか、悪を行うことか。（マコ3・4）

わたしたちの心は、
愛するときに喜びを感じ、
愛に背を向けるときに痛みを感じます。
どのようなときでも、迷わずに、
愛することを選びましょう。

5月24日

5月25日

愛の橋

わたしたちとお前たちの間には
大きな淵があって、
ここからお前たちの方へ
渡ろうとしてもできないし、
そこからわたしたちの方に
越えて来ることもできない。（ルカ16・26）

苦しんでいる人への無関心こそ、
天国とわたしたちを隔てる大きな淵。
愛の橋をかけることができますように。

大いなるもの

信仰と、希望と、愛、
この三つは、いつまでも残る。
その中で最も大いなるものは、愛である。（一コリ13・13）

信仰とは、目には見えない
愛を信じるということ。
希望とは、愛を信じて、
あきらめずに歩き続けるということ。
愛がある限り、
信仰と希望が消えることはありません。

5月26日

5月27日

恵みを育てる

マリア、恐れることはない。
あなたは神から恵みをいただいた。（ルカ1・30）

思いがけない出来事の中に、
わたしたちの理解を超えた
神さまの恵みが隠されています。
信じて受け入れ、大事に育ててゆくなら、
やがてその恵みが何であるか分かるでしょう。

与える幸せ

主《しゅ》イエス御自身が
「受けるよりは与える方が幸いである」
と言われた言葉を思い出すようにと、
わたしはいつも身をもって示してきました。（使20・35）

どんなにため込んでも、
それだけで幸せにはなれません。
分かちあうときに生まれる愛。
それが、わたしたちを
幸せにしてくれるのです。

5月28日

信頼にこたえる

すべて多く与えられた者は、
多く求められ、
多く任された者は、
更に多く要求される。（ルカ12・48）

何かを与えられたなら、
それをみんなと分かち合うため。
多く任されたなら、
それは任された人たちを幸せにするため。
神さまの信頼にこたえることができますように。

5月29日

いますぐ始める

鋤《すき》に手をかけてから後ろを顧みる者は、
神の国にふさわしくない。（ルカ9・62）

「ダイエットは明日から」という言葉が
決まり文句になってしまうほど、
決意をなかなか実行できないわたしたち。
先延ばしにすればするほど、
実行するのは難しくなります。
いますぐ始めるのがよいでしょう。

5月30日

5月31日

寄り添う愛

群衆がかわいそうだ。
もう三日もわたしと一緒にいるのに、
食べ物がない。
空腹のままで解散させたくはない。
途中で疲れきってしまうかもしれない。（マタ15・32）

恐れや不安を取り除き、
病から立ち上がらせてくださるイエスは、
食べ物のことまで心配してくださる方。
人間に、とことん寄り添われる方なのです。

6
月

6月1日

深みへ

沖に漕ぎ出して網を降ろし、
漁をしなさい。（ルカ5・4）

安全な岸辺にとどまり、
浅い所に網を投げても、
獲れる魚は限られています。
沖に漕ぎ出し、
深みに向かって網を投げましょう。

二人なら

（イエスは）十二人を呼び寄せ、
二人ずつ組にして遣《つか》わすことにされた。（マコ6・7）

二人で見たほうが、
たくさんのことを見られます。
二人で支えあえば、
簡単に倒れることもありません。
二人で心を合わせて祈れば、
そこには必ず愛があります。

6月2日

6月3日

光の子

あなたがたは、以前には暗闇でしたが、
今は主《しゅ》に結ばれて、光となっています。
光の子として歩みなさい。（エフェ5・8）

誰かが自分を愛してくれている。
そう確信するとき、
わたしたちの顔は喜びに輝きます。
その光は、周りにいる
すべての人の心を照らすでしょう。
光の子として生きられますように。

今すぐ実行

施すべき相手に善行を拒むな
あなたの手にその力があるなら。
出直してくれ、明日あげよう、
と友に言うな
あなたが今持っているなら。（箴3・27－28）

明日ではもう
間に合わないかもしれません。
今できることがあるなら、
今実行に移しましょう。

6月4日

6月5日

光をともして

兄弟を愛する人は、
いつも光の中におり、
その人にはつまずきがありません。
しかし、兄弟を憎む者は闇の中におり、
闇の中を歩み、
自分がどこへ行くかを知りません。（一ヨハ2・10－11）

愛こそ、わたしたちの道を照らす光。
憎しみの闇にのまれてつまずかないよう、
いつも心に、愛の光をともして進みましょう。

6月6日

友である神さま

主《しゅ》は人がその友と語るように、
顔と顔を合わせてモーセに語られた。（出33・11）

神さまは、遠くにいて、
手の届かない方ではありません。
いつもわたしたちの隣にいて、
話を聞いてくれる友なのです。
すべてを打ち明け、
聞いていただくのがよいでしょう。

6月7日

ゆっくり休む

イエスは、（弟子たちに）「さあ、あなたがただけで人里離れた所へ行って、しばらく休むがよい」と言われた。（マコ6・31）

わたしたちがどれほど働き、
どれほど疲れているか
イエスは知っておられます。
イエスの言葉に従って、
ゆっくり休みをとりましょう。

悪から守る

あなたがたのうちだれ一人、
罪に惑わされてかたくなにならないように、
「今日」という日のうちに、
日々励まし合いなさい。（ヘブ3・13）

「真剣に心配してくれる人がいる。
その人を悲しませたくない。」
そう思えば、悪いことなどできません。
互いを思うわたしたちの愛が、
わたしたちを悪から守ってくれるのです。

6月8日

6月9日

大地の喜び

荒れ野よ、荒れ地よ、喜び躍れ
砂漠よ、喜び、花を咲かせよ
野ばらの花を一面に咲かせよ。
花を咲かせ大いに喜んで、声をあげよ。
（イザ35・1－2）

咲き乱れる花は、
地上にあふれ出した大地の喜び。
その一つひとつが、
神さまをたたえる大地の歌。
わたしたちも一緒に歌いましょう。

世を救うために

わたしの言葉を聞いて、
それを守らない者がいても、
わたしはその者を裁かない。
わたしは、世を裁くためではなく、
世を救うために来たからである。（ヨハ12・47）

神さまは、自分に従わない者を、
切り捨てる方ではありません。
その人を信頼し、いつまでも
待っていてくださる方なのです。

6月10日

6月11日

命に宿る神

世界が造られたときから、
目に見えない神の性質、
つまり神の永遠の力と神性は
被造物に現れており、
これを通して神を知ることができます。（ロマ1・20）

すべての命は限りなく尊い。
傷ついた命を、放っておくことはできない。
もしそう感じるなら、その理由はただひとつ。
命には、神さまが宿っているのです。

救いの訪れ

赦《ゆる》しなさい。
そうすれば、あなたがたも赦される。
与えなさい。
そうすれば、あなたがたにも与えられる。（ルカ6・37―38）

赦すとき、心は安らぎで満たされます。
与えるとき、心に喜びが湧き上がります。
赦すとき、与えるときにこそ、
わたしたちの心に救いが訪れるのです。

6月12日

6月13日

悲しみに気づく

ザアカイ、急いで降りて来なさい。
今日は、ぜひあなたの家に泊まりたい。（ルカ19・5）

背が低かったザアカイは、
イエスを見るため、
木に登って待っていました。
イエスは、どんな場所にいても
わたしたちを見つけてくださる方。
人間の悲しみに、
必ず気づいてくださる方なのです。

真理の霊

その方、すなわち、
真理の霊が来ると、
あなたがたを導いて
真理をことごとく悟らせる。（ヨハ16・13）

どんなに頑張っても、
自分だけの力で、
真理を悟ることはできません。
真理は神さまから与えられるもの。
心を開いて受け止めるものなのです。

6月14日

6月15日

神さまの導き

神が結び合わせてくださったものを、
人は離してはならない。（マタ19・6）

すべての出会いは、
神さまが準備してくださったもの。
神さまが選び、
出会わせてくださった相手と、
愛の絆を結びましょう。

完全な信頼

愛には恐れがない。
完全な愛は恐れを締め出します。（一ヨハ4・18）

完全な愛とは、完全な信頼。
神さまを信頼しているなら、
家族や友だちを信頼しているなら、
何も恐れる必要はありません。

6月16日

6月17日

神の手の中で

徴税人は遠くに立って、
……胸を打ちながら言った。
「神様、罪人《つみびと》のわたしを
憐《あわ》れんでください。」（ルカ18・13）

どんなによい人になりたくても、
欲望に引きずられ、感情に流されて、
つい間違ってしまうわたしたち。
その弱さを、
そのまま神さまに差し出しましょう。

6月18日

今日の自分

明日のことを誇るな。
一日のうちに
何が生まれるか知らないのだから。（箴27・1）

一分先に起こることさえ、
予測できないわたしたち。
もし誇るなら、
明日の自分ではなく、
精いっぱいに生きている
今日の自分を誇りましょう。

6月19日

身の丈を知る

貧しくもせず、金持ちにもせず
わたしのために定められたパンで
わたしを養ってください。
飽き足りれば、裏切り
主《しゅ》など何者か、と言うおそれがあります。
貧しければ、盗みを働き
わたしの神の御名《みな》を汚《けが》しかねません。（箴30・8－9）

幸せに生きたいなら、自分の身の丈を知り、
それにちょうどよいものを願いましょう。

6月20日

豊かな実り

わたしの愛する者は、
肥沃な丘にぶどう畑を持っていた。
よく耕して石を除き、良いぶどうを植えた。
……しかし、実ったのは
酸っぱいぶどうであった。（イザ5・1－2）

独り占めにすれば、
妬みや憎しみ、争いが実り、
分かちあえば、喜びや感謝、
友情が実るでしょう。

6月21日

愛の土台

わたしのこれらの言葉を聞いて
行う者は皆、
岩の上に自分の家を建てた
賢い人に似ている。（マタ7・24）

聞いただけで行わないなら、
言葉の意味は分からないまま。
聞いたことを実践する人だけが、
言葉の本当の意味を知り、
言葉を自分のものにするのです。

初めの掟《おきて》

わたしが書くのは新しい掟ではなく、
初めからわたしたちが持っていた掟、
つまり互いに愛し合うということです。（二ヨハ5）

互いに愛し合う。
それこそ、わたしたちにとって
初めの掟であり、最後の掟。
心に深く刻み、かたときも
忘れることがありませんように。

6月22日

6月23日

愛の輪

わたしを信じる者は、
わたしが行う業《わざ》を行い、
また、もっと大きな業を行うようになる。（ヨハ14・12）

苦しむ人たちのために、
自分を差し出す人がいるとき、
周りの人たちは、
その人を助けずにいられません。
愛は愛を引き寄せ、
どんどん大きくなってゆくのです。

何が得か

信心は、満ち足りることを知る者には、
大きな利得《りとく》の道です。なぜならば、
わたしたちは、何も持たずに世に生まれ、
世を去るときは
何も持って行くことができないからです。（一テモ6・6―7）

独り占めにすれば、
心は空しくなるばかり。
分かちあうことによって、
初めて心は満たされるのです。

6月24日

6月25日

本当の望み

イエスは振り返り、
彼らが従って来るのを見て、
「何を求めているのか」と言われた。（ヨハ1・38）

求めているものが何なのか、
よく分からないまま、
自分に足りない何かを
探し続けているわたしたち。
それが何かは、見つけたときに
初めて分かるでしょう。

伝えるために

初めからあったもの、
わたしたちが聞いたもの、
目で見たもの、よく見て、
手で触れたものを伝えます。
すなわち、命の言《ことば》について。（一ヨハ1・1）

頭で理解しただけでは伝えられません。
心で深く受け止め、喜びの涙を流し、
それから口を開きましょう。

6月26日

笑顔の贈り物

子よ、何事をなすにも柔和であれ。
そうすれば、
施しをする人にもまして愛される。（シラ3・17）

相手をいたわる穏やかな笑顔は、
それ自体が
相手を幸せにする贈り物。
物だけではなく、
心も一緒に配りましょう。

6月27日

天の使い

お客様、よろしければ、
どうか僕《しもべ》のもとを通り過ぎないでください。
水を少々持って来させますから、
足を洗って、
木陰でどうぞひと休みなさってください。（創18・3−4）

こうしてアブラハムは、
知らずに天の使いをもてなしました。
すべての来訪者を、天の使いとして
もてなすことができますように。

6月28日

6月29日

自分で判断する

「天からのものだ」と言えば、

「では、なぜヨハネを信じなかったのか」

と我々に言うだろう。

「人からのものだ」と言えば、群衆が怖い。（マタ21・25―26）

律法学者は、こう言って、
自分が見たことではなく、
人からの反応によって判断しました。
自分が見たこと、感じたことを、
勇気をもって語れますように。

6月30日

神の裁き

わたしは思った
わたしはいたずらに骨折り
うつろに、空しく、力を使い果たした、と。
しかし、わたしを
裁いてくださるのは主《しゅ》であり
働きに報いてくださるのもわたしの神である。（イザ49・4）

結果が出せなくても悲しむ必要はありません。
神さまが見ているのは、
結果ではなく、わたしたちの努力なのです。

7
月

7月1日

時代の流れ

いちじくの木から教えを学びなさい。
枝が柔らかくなり、葉が伸びると、
夏の近づいたことが分かる。（マコ13・28）

年ごとに同じ営みを繰り返す植物たち。
いちじくの葉が青々と茂れば、
それは一年が確かに過ぎたということ。
その重みをしっかり受け止め、
わたしたちも成長してゆきましょう。

生きる力

今日は、
我らの主《しゅ》にささげられた聖なる日だ。
悲しんではならない。
主を喜び祝うことこそ、
あなたたちの力の源である。（ネヘ8・10）

今日も、このまったく新しい一日を
与えられたことに感謝しましょう。
感謝の中から湧き上がる喜びこそ、
わたしたちが生きるための力なのです。

7月2日

7月3日

正直に生きる

沈黙して主《しゅ》に向かい、主を待ち焦がれよ。
繁栄の道を行く者や
悪だくみをする者のことでいら立つな。（詩37・7）

するべきことを怠けたり、
人を利用して自分だけ得をしたり、
そんなことばかりしていて、
幸せになれるわけがありません。
裏表なく、正直に生きる。
それが最も確かな幸せへの道です。

祈りの完成

**清くされたのは十人ではなかったか。
ほかの九人はどこにいるのか。
この外国人のほかに、
神を賛美するために
戻って来た者はいないのか。**（ルカ17・17－18）

苦しいときに助けを求めて祈ったなら、
助けてもらったときには
感謝の祈りをささげるのが当然。
祈りは、神さまへの感謝で完成するのです。

7月4日

7月5日

小さな愛の種

天の国はからし種に似ている。
人がこれを取って畑に蒔《ま》けば、
どんな種よりも小さいのに、
成長するとどの野菜よりも大きくなり、
空の鳥が来て枝に巣を作るほどの木になる。（マタ13・31−32）

「苦しんでいる人を放っておけない」
という思いは、目の前の一人から始まって、
世界中のすべての人に広がってゆきます。
この思いこそ、小さな愛の種なのです。

できると信じる

イエスが家に入ると、
盲人たちがそばに寄って来たので、
「わたしにできると信じるのか」と言われた。
二人は、「はい、主《しゅ》よ」と言った。（マタ9・28）

イエスならば、
見えない目を開くことができる。
その確信が、奇跡を起こしました。
大切なのは、できると信じて
あきらめない心なのです。

7月6日

7月7日

生きる知恵

いなごには王はないが
隊を組んで一斉に出動する。
やもりは手で捕まえられるが
王の宮殿に住んでいる。（箴30・27–28）

小さな生き物たちは、
力の弱さを知恵で補います。
知恵を働かせれば、
弱さを強さに
変えることさえできるのです。

命を使う

自分の命を救いたいと思う者は、
それを失うが、
わたしのために命を失う者は、
それを得る。（マタ16・25）

命を守ることばかり考えていると、
不安や恐れにつきまとわれ、
かえって命を消耗してしまいます。
命を守ることより、
命をよく使うことを考えましょう。

7月8日

7月9日

愛する勇気

自分の兄弟にだけ挨拶したところで、
どんな優れたことをしたことになろうか。（マタ5・47）

無視されるかもしれない。
そう思っても、
勇気を出して挨拶しましょう。
たとえ拒まれたとしても、
まず自分から相手に心を開く。
それが愛する勇気なのです。

食べきれない

人々に与えて食べさせなさい。
主《しゅ》は言われる。
「彼らは食べきれずに残す。」（王下4・43）

神が与えてくださる恵みを、
わたしたちは決して
食べ尽くすことができません。
聖書の短い一節でさえ、
一生をかけても
味わい尽くすことができないのです。

7月10日

愛によって

暴力に依存するな。
搾取を空しく誇るな。
力が力を生むことに心を奪われるな。（詩62・11）

力によって相手を従わせても、
決して幸せになれません。
幸せは、互いを尊敬し、
愛しあう人たちの間に宿るもの。
力では決して手に入らないものなのです。

7月11日

愛の声

今こそ、お前たちは
自分の道と行いを正し、
お前たちの神、
主《しゅ》の声に聞き従わねばならない。（エレ26・13）

「主の声に従う」とは、
愛の声に従うということ。
自分の心と向かいあい、
心の奥深くから呼びかける
愛の声に従うということです。

7月12日

7月13日

深呼吸

主《しゅ》なる神は、土（アダマ）の塵《ちり》で
人（アダム）を形づくり、
その鼻に命の息を吹き入れられた。
人はこうして生きる者となった。（創2・7）

朝を迎えられたことに感謝して、
息を大きく吸いこむとき、
わたしたちの体は
喜びと力で満たされます。
新しい一日を、深呼吸から始めましょう。

惜しみなく

（イエスは）五つのパンと二匹の魚を取り、
天を仰いで賛美の祈りを唱え、
パンを裂いて弟子たちにお渡しになった。
弟子たちはそのパンを群衆に与えた。
すべての人が食べて満腹した。（マタ14・19－20）

惜しみなく与えるとき、
小さなパンに、
無限の愛が宿ります。
惜しまず与えられますように。

7月14日

7月15日

生き方によって

（洗礼者ヨハネの弟子たちが）
「ラビ――『先生』という意味――
どこに泊まっておられるのですか」
と言うと、イエスは、
「来なさい。そうすれば分かる」と言われた。（ヨハ1・38―39）

その人の暮らしぶりを見れば、
その人が誰なのかすぐに分かります。
言葉だけでなく、生き方そのものによって
神の愛を証明できますように。

探していたもの

求めなさい。
そうすれば、与えられる。
探しなさい。
そうすれば、見つかる。
門をたたきなさい。
そうすれば、開かれる。（ルカ11・9）

あきらめずに探し続ける人は、
いつか必ず、自分が本当に探していたものが
何であったのかに気づくでしょう。

7月16日

7月17日

与えられた命

わたしの来るときまで
彼が生きていることを、
わたしが望んだとしても、
あなたに何の関係があるか。
あなたは、わたしに従いなさい。（ヨハ21・22）

それぞれに寿命の長短はありますが、
それは神さまがお決めになること。
わたしたちは、自分に与えられた命を
精いっぱい生きることだけを考えましょう。

内なる恵み

あなたの内にある恵みの賜物《たまもの》を
軽んじてはなりません。（一テモ4・14）

弱くて、欠点だらけの自分でも、
あきらめる必要はありません。
神さまから使命を与えられたなら、
それを果たすために必要な恵みは、
もうあなたの中にあるのです。

7月18日

引かれあう

御言葉《みことば》によって天は造られ
主《しゅ》の口の息吹によって
天の万象は造られた。（詩33・6）

寝転んで空を見ていると、
吸い込まれそうな気がします。
空もわたしたちの心も、
どちらも神さまが造られたもの。
互いに引かれあったとしても、
何の不思議もありません。

7月19日

神さまの声

**火の後に、静かにささやく声が聞こえた。
それを聞くと、エリヤは外套《がいとう》で顔を覆い、
出て来て、洞穴《ほらあな》の入り口に立った。**（王上19・12―13）

神さまの声は、
わたしたちの心の奥深くから
静かにささやく小さな声。
心を静め、その声にじっと
耳を傾けてみましょう。

7月20日

7月21日

素直に生きる

あらゆる汚《けが》れや
あふれるほどの悪を素直に捨て去り、
心に植え付けられた御《み》言葉《ことば》を受け入れなさい。（ヤコ1・21）

胸に手を当ててよく考えれば、
どちらがよいことで、
どちらが悪いことかは分かるはず。
言い訳などせず、
素直によい方を選びましょう。

最初の弟子

神は知恵ある者に恥をかかせるため、
世の無学な者を選び、
力ある者に恥をかかせるため、
世の無力な者を選ばれました。（一コリ1・27）

最初の弟子の中には、
学者も有力者もいませんでした。
知恵や力は必要ありません。
救われるために必要なのは、
飾りけのない素直な心だけなのです。

7月22日

7月23日

恥じない生き方

わたしは知っている
わたしが辱《はずかし》められることはない、と。
わたしの正しさを認める方は近くいます。（イザ50・7―8）

何も知らない人たちから
誹謗中傷されても、
恥じる必要はありません。
すべてをご存じである神さまの前に、
恥じない生き方を選べばよいのです。

子供の心

子供たちを来させなさい。
わたしのところに来るのを
妨げてはならない。
天の国はこのような者たちのものである。（マタ19・14）

大人は利害損得で集まることがありますが、
子供は、ただその人がやさしい人、
よい人だからという理由で集まります。
子供のような心で、
イエスの後についてゆけますように。

7月24日

7月25日

本当の美しさ

容姿や背の高さに目を向けるな。
わたしは彼を退ける。
人間が見るようには見ない。
人は目に映ることを見るが、
主《しゅ》は心によって見る。（サム上16・7）

外見よりも大切なのは、
目には見えないその人の心。
人間を本当に美しくするのは、
その人の心に宿った愛なのです。

別の道

ミシア地方の近くまで行き、
ビティニア州に入ろうとしたが、
イエスの霊がそれを許さなかった。（使16・7）

どうしても前に進めないなら、
それは神さまが
止めているからかもしれません。
無理に進もうとせず、
別の道を選ぶのがよいでしょう。

7月26日

7月27日

相手の望み

イエスは、
「何をしてほしいのか」と言われた。
盲人は、「先生、
目が見えるようになりたいのです」と言った。（マコ10・51）

善意を押しつけるようなことを、
イエスは決してなさいません。
相手が何を望んでいるのか、
まず尋ねることから始めるのです。

清められる

何よりもまず、
心を込めて愛し合いなさい。
愛は多くの罪を覆うからです。（一ペト4・8）

どれほど罪に染まった心も、
誰かを深く愛するならば、
後悔の涙によって清められるでしょう。
誰かを深く愛するとき、
わたしたちは、その愛に
ふさわしい人間に変えられていくのです。

7月28日

7月29日

心を開く

（イエスは）天を仰いで深く息をつき、その人に向かって、「エッファタ」と言われた。これは、「開け」という意味である。（マコ7・34）

イエスが、かたくなに閉ざされた
わたしたちの心を開き、
見たくないものに目を向ける勇気、
聞きたくない意見に耳を傾ける
謙虚さを与えてくださいますように。

愛の時間

このことだけは忘れないでほしい。
主《しゅ》のもとでは、一日は千年のようで、
千年は一日のようです。（二ペト3・8）

愛する人と過ごす楽しい時間は、
あっという間に過ぎてしまいますが、
その楽しい思い出は永遠に残ります。
千年も一日のように過ぎますが、
その一日には千年の価値があるのです。

7月30日

7月31日

神に打ち明ける

どんなことでも、思い煩《わずら》うのはやめなさい。
何事につけ、
感謝を込めて祈りと願いをささげ、
求めているものを神に打ち明けなさい。（フィリ4・6）

思い煩っても仕方がありません。
心配事はすべて神さまに打ち明け、
神さまの手に委ねましょう。
あとは、神さまが
すべてをよくしてくださいます。

8 月

8月1日

柔らかな心

柔和な人々は、幸いである、
その人たちは地を受け継ぐ。（マタ5・5）

かたくなな心がぶつかりあえば、
両方とも無事ではすみません。
相手を受け止める柔らかな心、
すべてを包み込む
大きな心を持てますように。

平和を届ける

「平和があるように」
と挨拶しなさい。家の人々が
それを受けるにふさわしければ、
あなたがたの願う平和は
彼らに与えられる。（マタ10・12―13）

自分の心に平和がないなら、
誰かに平和を届けることはできません。
心配事は神さまに委ね、
いつも平和な心でいられますように。

8月2日

8月3日

共に生きる

狼は小羊と共に宿り
豹《ひょう》は子山羊と共に伏す。
子牛は若獅子と共に育ち
小さい子供がそれらを導く。（イザ11・6）

狼を追い払ったり、
豹や若獅子を
檻に閉じ込めたりする必要はありません。
信頼の絆を築き、
共に生きる道を探せばよいのです。

剣《つるぎ》の役割

わたしが来たのは
地上に平和をもたらすためだ、
と思ってはならない。平和ではなく、
剣をもたらすために来たのだ。（マタ10・34）

イエスがもたらす剣は、
執着を断ち、
迷いや恐れをなぎ倒すための剣。
嘘に切り込み、
真実を明らかにするための剣です。

8月4日

8月5日

名もない人々

悪霊《あくれい》を追い出して
病気をいやしていただいた何人かの婦人たち、
……そのほか多くの婦人たちも一緒であった。
彼女たちは、自分の持ち物を出し合って、
一行に奉仕していた。（ルカ8・2−3）

イエスと弟子たちを支えた、
名前さえ書き残されていない
たくさんの人たちにも、
忘れずに感謝をささげましょう。

8月6日

平和への道

都《みやこ》が見えたとき、
イエスはその都のために泣いて、
言われた。「もしこの日に、お前も
平和への道をわきまえていたなら……。」（ルカ19・41－42）

高い壁を築いて自分の力を誇り、
貧しい人々に心を閉ざすなら、
どんな都もやがて滅びるでしょう。
壁を壊し、心を開いて、
平和への道を歩めますように。

8月7日

倍の愛情

だれかがあなたの右の頬を打つなら、
左の頬をも向けなさい。
あなたを訴えて下着を取ろうとする者には、
上着をも取らせなさい。（マタ5・39－40）

「やられたら倍にして返す」ではなく、
倍の愛情で受け止めるよう勧めるイエス。
悪意を消してしまうには、
大きな愛で包み込むのが一番なのです。

愛と祈り

敵を愛し、
自分を迫害する者のために祈りなさい。
あなたがたの天の父の子となるためである。（マタ5・44–45）

憎しみは、敵を滅ぼす前に、
自分自身の心を深くむしばみ、
滅ぼしてしまいます。
愛の力、祈りの力で、
憎しみに立ち向かいましょう。

8月8日

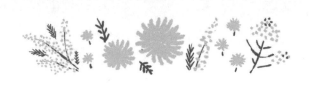

8月9日

世界と結ばれる

第一に勧めます。
願いと祈りと執り成しと感謝とを
すべての人々のためにささげなさい。（一テモ2・1）

誰かのために祈ることで、
わたしたちは
その人と深く結ばれてゆきます。
世界中の人のために祈るなら、
世界中の人と
深く結ばれてゆくでしょう。

愚かさと知恵

主《しゅ》を畏《おそ》れることは知恵の初め。
無知な者は知恵をも諭《さと》しをも侮《あなど》る。（箴1・7）

愚かさとは、
自分は何でも知っていると思い込み、
他人の言葉に決して耳を貸さないこと。
知恵とは、
自分の知っていることなど
小さな一部分にすぎないと気づき、
謙虚な心で真理を探し求めることです。

8月10日

8月11日

たとえ話

わたしは口を開いてたとえを用い、
天地創造の時から
隠されていたことを告げる。（マタ13・35）

山や海の中にも、
木々や草花、動物たちの中にも、
そしてもちろん人間の中にも、
神さまの愛が隠されています。
神さまが造ったすべてのものは、
神さまの愛のたとえ話なのです。

愛の実り

恵みの業《わざ》をもたらす種を蒔《ま》け
愛の実りを刈り入れよ。（ホセ10・12）

出会うすべての人の心に、
やさしさや思いやり、
親切の種を蒔きましょう。
わたしたちの住む世界を、
愛の実りで満たしましょう。

8月12日

8月13日

イエスの望み

弟子のヤコブとヨハネは……
「主《しゅ》よ、お望みなら、天から火を降らせて、
彼らを焼き滅ぼしましょうか」と言った。
イエスは振り向いて二人を戒められた。（ルカ9・54－55）

イエスの望みは、
滅ぼすことではなく救うこと。
天からの火で焼くことではなく、
わたしたちの心の中に
愛の火をともすことなのです。

キリストの平和

わたしは、平和をあなたがたに残し、
わたしの平和を与える。
わたしはこれを、
世が与えるように与えるのではない。（ヨハ14・27）

キリストの平和は、
自分を守ることによってではなく、
差し出すことによって生まれる平和。
自分たちだけでなく、
すべての人が幸せに暮らすための平和です。

8月14日

8月15日

活かすため

彼らは剣《つるぎ》を打ち直して鋤《すき》とし、
槍《やり》を打ち直して鎌とする。
国は国に向かって剣を上げず、
もはや戦うことを学ばない。（イザ2・4）

神さまが人間に技術を与えたのは、
壊すためではなく生み出すため、
滅ぼすためではなく活かすため。
技術の正しい使い方を学びましょう。

命の道

あなたはわたしの魂を
陰府《よみ》に渡すことなく
あなたの慈しみに生きる者に
墓穴《はかあな》を見させず
命の道を教えてくださいます。（詩16・10－11）

どんな暗闇の中でも、
道は必ず示されます。
わたしたちを導く愛の光は、
もう心の中にともされているのです。

8月16日

8月17日

知恵の塩味

いつも、塩で味付けされた
快い言葉で語りなさい。
そうすれば、一人一人に
どう答えるべきかが分かるでしょう。（コロ4・6）

言葉を引きしめる塩は、
神さまがくださる知恵の味。
ちょうどよい知恵を、
ふさわしい分量で混ぜるのが、
上手に話すための秘訣です。

愛の戦い

神の武具を身に着けなさい。
立って、真理を帯として腰に締め、
正義を胸当てとして着け、
平和の福音を告げる準備を
履物としなさい。（エフェ6・11、13－15）

真理や正義は、悪と戦うための武器。
愛は、それらの武器で戦うための力。
戦う目的は、すべての人の心に、
神さまの愛を届けることです。

8月18日

8月19日

隣人とは

心を尽くし、精神を尽くし、
力を尽くし、思いを尽くして、
あなたの神である主《しゅ》を愛しなさい、
また、隣人を自分のように愛しなさい。（ルカ10・27）

隣人とは、わたしたちのそばにいて、
わたしたちの助けを求めている人。
助けあい、ともに生きてゆくようにと、
神さまが出会わせてくださった人のことです。

救いの日

今や、恵みの時、
今こそ、救いの日。（二コリ6・2）

神さまの恵みは、
すでに豊かに注がれています。
大切なのは、自分が今、
どれだけ恵まれているかに気づくこと。
感謝すべき時は今、
救われるべき日は今日なのです。

8月20日

8月21日

どちらか選ぶ

どんな召し使いも
二人の主人に仕えることはできない。
一方を憎んで他方を愛するか、
一方に親しんで他方を軽んじるか、
どちらかである。（ルカ16・13）

お金と愛、どちらのために生きるのか。
それはある意味で、究極の選択。
しかし、もし迷いのない人生を生きたいなら、
どちらかを選ぶ必要があるのです。

ひとつの幸福

**神に与えられた短い人生の日々に、
飲み食いし、太陽の下で労苦した
結果のすべてに満足することこそ、
幸福で良いことだ。**（コヘ5・17）

思った通りの結果は出なくても、
精いっぱい頑張った自分を褒めて、
おいしいものを飲み食いする。
それはひとつの人生の幸福。
聖書はそれを、決して否定しません。

8月22日

8月23日

過去の知恵

昔からの道に問いかけてみよ
どれが、幸いに至る道か、と。
その道を歩み、魂に安らぎを得よ。（エレ6・16）

道を選ぶのに迷ったときは、
これまでどんな道を選んだとき、
心からの喜びを感じたか。
どんな道を選んだとき、
みんなを幸せにできたかを、
思い出してみるとよいでしょう。

理由を聞く

わたしはあなたのろばですし、
あなたは今日までずっと
わたしに乗って来られたではありませんか。
今まであなたに、
このようなことをしたことがあるでしょうか。（民22・30）

このろばが主人の命令に従わなかったのは、
このまま進めば危険だと分かっていたから。
頭ごなしにしかりつけるのではなく、
まずは相手の話を聞きましょう。

8月24日

8月25日

無私無欲

ほうっておくがよい。
あの計画や行動が人間から出たものなら、
自滅するだろうし、
神から出たものであれば、
彼らを滅ぼすことはできない。（使5・38－39）

私利私欲にまみれたものなら、
ほうっておいても失敗するでしょう。
無私無欲な愛から生まれたものなら、
誰にもそれを止めることはできません。

立ち向かう

どうして、
サタンがサタンを追い出せよう。（マコ3・23）

悪に対して悪で立ち向かえば、
ますます悪が大きくなるばかり。
悪を追い出すには、
善で立ち向かう以外にありません。
悪意に対しては善意で、
憎しみに対しては愛で立ち向かいましょう。

8月26日

8月27日

愛の交わり

あなたはペトロ。
わたしは
この岩の上にわたしの教会を建てる。（マタ16・18）

教会とは、十字架のついた建物や、
統制された組織のことではありません。
「神と出会って救われた」という、
一人ひとりの確信の上に建てられる、
確かな愛の交わりなのです。

8月28日

使命を生きる

人は、たとえ全世界を手に入れても、
自分の命を失ったら、何の得があろうか。（マタ16・26）

すべてを手に入れたとしても、
思い上がって自分を見失い、
欲望にのみ込まれてしまったら、
いったい何の意味があるでしょう。
与えられた使命を忠実に生き、
命をまっとうできますように。

8月29日

一つの愛

父よ、あなたがわたしの内におられ、
わたしがあなたの内にいるように、
すべての人を一つにしてください。（ヨハ17・21）

違いを受け入れ、弱さをゆるし、
一つの愛で結ばれてゆくこと。
それぞれが自分のよさを出しあい、
この地上に一つの調和を作り上げること。
それが神さまの願いなのです。

内なるカイン

主《しゅ》はアベルとその献《ささ》げ物に目を留められたが、
カインとその献げ物には
目を留められなかった。
カインは激しく怒って顔を伏せた。（創4・4―5）

自分の人生に納得できないまま、
他人と自分を比較して嫉妬する。
カインの罪は、そこから生まれました。
わたしたちの内なるカインに注意しましょう。

8月30日

8月31日

大切なこと

なぜ、パンを持っていないことで
議論するのか。
まだ、分からないのか。
悟らないのか。
心がかたくなになっているのか。（マコ8・17）

問われているのは、
どれだけ持っているかではありません。
持っているものを、
どれだけ人と分かちあえるかです。

9
月

9月1日

自然の恵み

**ぶどう酒は人の心を喜ばせ、
油は顔を輝かせ、
パンは人の心を支える。**（詩104・15）

焼きたてのパンを
オリーブ油に浸して食べながら、
ぶどう酒のグラスを傾ける。
それ以上の贅沢があるでしょうか。
人間に何が必要かを、
神さまはよくご存じなのです。

悪さえも善に

あなたがたは
わたしに悪をたくらみましたが、
神はそれを善に変え、
多くの民の命を救うために、
今日《こんにち》のようにしてくださったのです。（創50・20）

神さまは、悪からでさえ、
善を生み出すことができる方。
絶体絶命のピンチさえ、
チャンスに変えてしまう方なのです。

9月2日

9月3日

神の思い

わたしは主《しゅ》の御声《みこえ》を聞いた。
「誰を遣《つか》わすべきか。
誰が我々に代わって行くだろうか。」
わたしは言った。
「わたしがここにおります。
わたしを遣わしてください。」（イザ6・8）

「苦しんでいる人たちを、
もうこれ以上は放っておけない」という
神の思いを、自分の思いにできますように。

変化を読み解く

空や地の模様を
見分けることは知っているのに、
どうして今の時を
見分けることを知らないのか。（ルカ12・56）

天気の変化にはすぐ気づいても、
時代の大きな変化には
なかなか気づかないわたしたち。
手遅れになる前に気づき、
生き方を変えることができますように。

9月4日

言葉の向こう側

文字は殺しますが、
霊は生かします。（二コリ3・6）

書かれた言葉を絶対化するのは、
神さまの愛を
言葉に閉じ込めるのと同じ。
言葉の向こう側から語りかける、
神さまの声に耳を傾けましょう。

9月5日

からし種一粒

もしあなたがたに
からし種一粒ほどの信仰があれば、
この桑の木に、「抜け出して海に根を下ろせ」
と言っても、言うことを聞くであろう。（ルカ17・6）

大きな信仰は必要ありません。
神さまの愛を信頼し、
少しも疑わない信仰が、
からし種一粒ほどあればよいのです。

9月6日

9月7日

よく生きる

たとえ、千年の長寿を
二度繰り返したとしても、
幸福でなかったなら、何になろう。（コヘ6・6）

大切なのは、
どれだけ長く生きるかよりも、
どれだけよく生きるか。
長生きすることより、いまこの時を
精いっぱい生きることを考えましょう。

つながる時間

ぶどうの枝が、木につながっていなければ、
自分では実を結ぶことができないように、
あなたがたも、
わたしにつながっていなければ、
実を結ぶことができない。（ヨハ15・4）

祈りとは、心を開いて
イエスとつながるための時間。
豊かな実りを願うなら、
祈ることから始めましょう。

9月8日

9月9日

愛は残る

すべてのことが起こるまでは、
この時代は決して滅びない。
天地は滅びるが、
わたしの言葉は決して滅びない。（ルカ21・32－33）

起こるべきことがすべて起こるまで、
世界が滅びることはありません。
たとえ世界が滅びても、
愛が滅びることはありません。

愛を知る

愛することのない者は
神を知りません。
神は愛だからです。（一ヨハ4・8）

この人を助けるためなら、
自分の命さえ差し出してもいい。
そう思うほど誰かを愛するとき、
わたしたちの心に神が宿ります。
そのときわたしたちは神を知り、
永遠の命に触れるのです。

9月10日

9月11日

復讐は神の手に

**「復讐はわたしのすること、
わたしが報復する」と主《しゅ》は言われる。**（ロマ12・19）

互いが復讐しあうなら、
いつまでも争いは絶えません。
復讐は神の手に委ね、
わたしたちはゆるしあうこと、
ともに生きることを考えましょう。

愛を受け取る

だれでも持っている人は、
更に与えられるが、
持っていない人は、
持っているものまでも取り上げられる。
（ルカ19・26）

愛する人は、
相手の愛を受け取って更に豊かになり、
愛さない人は、
せっかく差し出された愛さえ
受け取ることができないのです。

9月12日

9月13日

もう知っている

これらのことを話したのは、
その時（試練の時）が来たときに、
わたしが語ったということを
あなたがたに思い出させるためである。（ヨハ16・4）

心配する必要はありません。
イエスは、これから
わたしたちに何が起こるか、
すべて知っておられるのです。
必ず助け出してくださるでしょう。

愛ゆえの怒り

イエスは怒って人々を見回し、
彼らのかたくなな心を悲しみながら、
その人に、「手を伸ばしなさい」と言われた。（マコ3・5）

安息日を理由に、
苦しんでいる人を助けるのを認めない。
そのような心のかたくなさは、
イエスの心に怒りと悲しみを生みました。
愛ゆえの怒り、愛ゆえの悲しみです。

9月14日

9月15日

命は枯れない

肉なる者は皆、草に等しい。
永らえても、すべては野の花のようなもの。
草は枯れ、花はしぼむが
わたしたちの神の言葉はとこしえに立つ。（イザ40・6、8）

どれほど力強い体も、
やがては老いてゆくでしょう。
しかし、永遠の愛に深く根を下ろした命は、
いつまでも枯れることがありません。

本当の偉大さ

老年の誉れは長寿にあるのではなく、
年数《としかず》によって測られるものでもない。
人の思慮深さこそ白髪であり、
汚《けが》れのない生涯こそ長寿である。（知4・8－9）

長く生きたことだけが
偉大なのではありません。
互いに愛しあい、ゆるしあいながら
ここまで重ねてきた日々の中にこそ、
本当の偉大さがあるのです。

9月16日

9月17日

愛しているから

キリストは、神の身分でありながら、
神と等しい者であることに
固執しようとは思わず、
かえって自分を無にして、僕《しもべ》の身分になり、
人間と同じ者になられました。（フィリ2・6－7）

キリストが人間と同じ者になったのは、
それほどまでに人間を愛していたから。
神の子が人間となった。
そのこと自体が、限りない愛なのです。

つながるために

これらすべてに加えて、
愛を身に着けなさい。
愛は、すべてを完成させるきずなです。（コロ3・14）

相手の生命の限りない尊さに気づき、

「この人を放っておくことはできない」

と思うとき、憐《あわ》れみは愛に変わります。

人と人とのつながりを完成させる、
愛を身に着けられますように。

9月18日

ふさわしい生き方

9月19日

目を覚ましていなさい。
いつの日、
自分の主《しゅ》が帰って来られるのか、
あなたがたには分からないからである。（マタ24・42）

神さまが自分を愛してくださっていることを
忘れなければ、いつもその愛に
ふさわしい生き方を選べるでしょう。
目を覚ましているとは、
神さまの愛を忘れないということなのです。

納得する

世を去る時が近づきました。
わたしは、戦いを立派に戦い抜き、
決められた道を走りとおし、
信仰を守り抜きました。（二テモ4・6−7）

あきらめることなく、最後の日まで
使命を果たし抜くことができますように。
「ここまでやれれば、
わたしとしては上出来だ」と、
納得して世を去ることができますように。

9月20日

9月21日

ともに生きる知恵

知恵の正しさは、
それに従うすべての人によって証明される。（ルカ7・35）

富や繁栄をもたらしたとしても、
仲たがいや争いを生むなら、
それは本当の知恵ではありません。
たとえ貧しくても、互いをいたわり、
ともに生きてゆくことができるなら、
それこそが本当の知恵なのです。

幸せを願う

つまずきは避けられない。
だが、それをもたらす者は不幸である。（ルカ17・1）

誰かをつまずかせて笑ってやろう、
誰かを利用して自分がのし上がろう、
そのような思いを抱くとき、
人間の心は汚《けが》れ、
土台から崩れ始めます。
相手の不幸ではなく、
幸せを願って生きられますように。

9月22日

9月23日

命の始まり

愚か者たちの目には彼らは死んだ者と映り、
この世からの旅立ちは災い、
自分たちからの離別は破滅に見えた。
ところが彼らは平和のうちにいる。（知3・2―3）

芋虫が蝶の生活を想像できないように、
わたしたちは死後の命を想像できません。
死は終わりではなく、
いまより素晴らしい命の始まりなのです。

罪人《つみびと》のために

わたしが来たのは、
正しい人を招くためではなく、
罪人を招いて悔い改めさせるためである。（ルカ5・32）

道を見失って苦しんでいる人を、
イエスは放っておけません。
その人を探し、
正しい道に導くために
イエスはやってきたのです。

9月24日

9月25日

愛すること

すべてを吟味して、
良いものを大事にしなさい。
あらゆる悪いものから遠ざかりなさい。（一テサ5・21―22）

自分さえよければよいという考え方や、
貧しい人を助けないための言い訳など、
わたしたちを愛から遠ざけるものを、
きっぱりと退けましょう。
よく吟味して、
愛することを選べますように。

9月26日

その人の生き方

あなたがたは何を見に荒れ野へ行ったのか。
風にそよぐ葦《あし》か。
では、何を見に行ったのか。
しなやかな服を着た人か。（ルカ7・24−25）

毛衣を着、野生の蜂蜜を食べて暮らす
ヨハネの姿を見、驚いて帰ってきた人たちに
イエスはこう言いました。
大切なのは、その人の身なりではなく、
その人の生き方なのです。

9月27日

すべてを見通す

いちじくの木の下に
あなたがいるのを見たと言ったので、
信じるのか。もっと偉大なことを
あなたは見ることになる。（ヨハ1・50）

神さまは、誰にも気づかれずにする
よいことまで見ていてくださる方。
それどころか、わたしたちが
自分でも気づいていないよいところさえ、
見ていてくださる方なのです。

感謝して生きる

わたしは、自分の置かれた境遇に
満足することを習い覚えたのです。
貧しく暮らすすべも、
豊かに暮らすすべも知っています。（フィリ4・11―12）

たとえ貧しかったとしても、
与えられたわずかなものに感謝する。
たとえ豊かになったとしても、
感謝の心を忘れない。
いずれにせよ、大切なのは感謝です。

9月28日

9月29日

相手に合わせる

青年が、窓に腰を掛けていたが、
パウロの話が長々と続いたので、
ひどく眠気を催し、
眠りこけて三階から下に落ちてしまった。（使20・9）

相手に合わせて話さなければ、
どんなよい話も伝わりません。
相手が集中できるのはどのくらいの時間か、
相手が理解できるのはどんな言葉か、
よく考えて話せますように。

真の指導者

彼は叫ばず、呼ばわらず、
声を巷《ちまた》に響かせない。
傷ついた葦《あし》を折ることなく、
暗くなってゆく灯心を消すことなく、
裁きを導き出して、確かなものとする。（イザ42・2–3）

真の指導者は、大きな声や暴力で、
無理に相手を従わせようとしません。
真の指導者は、あふれ出す愛の力で、
相手を自然に引き寄せるのです。

9月30日

10
月

10月1日

恵みの流れ

この川が流れる所では、
すべてのものが生き返る……
あらゆる果樹が大きくなり、葉は枯れず、
果実は絶えることなく、月ごとに実をつける。（エゼ47・9、12）

どんな人の心にも、
奥深くには愛の川が流れています。
その水辺にしっかり根を下ろし、
やさしさの実を、
豊かに結べますように。

清い心

聞いて悟りなさい。
口に入るものは人を汚《けが》さず、
口から出て来るものが人を汚すのである。（マタ15・10―11）

口から入るものの汚れが
心まで届くことはありませんが、
汚い言葉を口にすれば、
その汚れは心にまで届きます。
口から入るものだけでなく、
出るものにも注意を払いましょう。

10月2日

10月3日

義務と愛

だれかが弱っているなら、
わたしは弱らないでいられるでしょうか。
だれかがつまずくなら、わたしが
心を燃やさないでいられるでしょうか。（二コリ11・29）

「そうしなければならない」

というのは義務。

「そうせずにいられない」

というのは愛。

愛には迷いが存在しません。

愛の国

神の国は、見える形では来ない。
「ここにある」「あそこにある」と
言えるものでもない。
実に、神の国はあなたがたの間にあるのだ。（ルカ17・20−21）

神の国は、互いへの愛を土台とし、
やさしさや思いやりによって築かれた国。
目には見えないものによって築かれた、
目には見えない愛の国なのです。

10月4日

10月5日

頭を上げる

このようなことが起こり始めたら、
身を起こして頭を上げなさい。
あなたがたの解放の時が近いからだ。（ルカ21・28）

嵐の湖からイエスが姿を現したように、
救いは試練の中から姿を現します。
恐れてうずくまるのではなく、
頭を上げて前を見ましょう。

10月6日

ともに泣く

憐《あわ》れんでくれ、わたしを憐れんでくれ
神の手がわたしに触れたのだ。
あなたたちはわたしの友ではないか。（ヨブ19・21）

「何か思い当たることがないか」

と問い詰めても、

「いつまでもくよくよするな」

と励ましても、慰めにはなりません。

苦しむ人とともに泣き、
ともに祈ることができますように。

10月7日

誰かのために

願い求めても、与えられないのは、
自分の楽しみのために使おうと、
間違った動機で願い求めるからです。（ヤコ4・3）

わたしたちの神さまは、愛の神さま。
自分さえよければよいという考えでは、
願いは決して届きません。
苦しんでいる人たちのことを忘れず、
その人たちのことを思って祈りましょう。

人間の限界

愚かな者よ、
今夜、お前の命は取り上げられる。
お前が用意した物は、
いったいだれのものになるのか。（ルカ12・20）

今晩、自分に何が起こるのかさえ
予測できないわたしたち。
傲慢な生き方を捨て、
すべてに感謝する生き方、
分かちあう生き方を選びましょう。

10月8日

10月9日

変わり者

あなたがたが世に属していたなら、
世はあなたがたを
身内として愛したはずである。
だが、あなたがたは世に属していない。（ヨハ15・19）

富や名誉を求めて争う
この世の価値観から抜け出し、
隣人愛のために生きる人を、
世間は「変わり者」と呼ぶでしょう。
しかし、天国ではそれが普通なのです。

すべての土台

鍛錬というものは、
当座は喜ばしいものではなく、
悲しいものと思われるのですが、
後になるとそれで鍛え上げられた人々に、
義という平和に満ちた実を結ばせるのです。（ヘブ12・11）

厳しい訓練の中で
コーチへの信頼が生まれるように、
試練の中で神さまへの信頼が生まれます。
その信頼が、すべての土台になるのです。

10月10日

10月11日

違いを認める

食べる人は、
食べない人を軽蔑してはならないし、
また、食べない人は、
食べる人を裁いてはなりません。（ロマ14・3）

食べるから優れている、
食べないから優れている
ということではありません。
大切なのは、神さまへの感謝を忘れないこと。
違いを認め、ともに生きてゆくことなのです。

見なくても信じる

わたしを見たから信じたのか。
見ないのに信じる人は、
幸いである。（ヨハ20・29）

たとえ二度と会えなくなっても、
互いの愛を
いつも確信していられるほど、
深い信頼の絆を
結ぶことができますように。

10月12日

10月13日

語るべき言葉

主《しゅ》なる神は、
弟子としての舌をわたしに与え
疲れた人を励ますように
言葉を呼び覚ましてくださる。（イザ50・4）

わたしたちの舌は、
言葉で互いを励ましあい、
支えあうようにと与えられたもの。
不平不満ではなく、
感謝と希望を語るために使いましょう。

安息の日

六日の間働いて、
何であれあなたの仕事をし、
七日目は、あなたの神、
主の安息日であるから、
いかなる仕事もしてはならない。（出20・9－10）

仕事に追われるばかりの日々では、
この世の心配事にのみ込まれてしまいます。
天に心を向け変えて、
自分を見つめ直すための日を持ちましょう。

10月14日

10月15日

恵みの泉

あなた自身の井戸から水を汲み
あなた自身の泉から湧く水を飲め。（箴5・15）

心を深く掘ってゆけば、
恵みの泉が湧き出すでしょう。
どんな人の心にも、
最も奥深いところには、
神さまの愛が隠されているのです。

人生

わたしは父のもとから出て、
世に来たが、今、世を去って、
父のもとに行く。（ヨハ16・28）

果たすべき使命とともにこの世界に生まれ、
その使命を果たし終えたとき、
神さまのもとへ帰ってゆく。
それがわたしたちの人生。
最期の瞬間まで、
精いっぱい使命を果たせますように。

10月16日

10月17日

確信する

信仰とは、
望んでいる事柄を確信し、
見えない事実を確認することです。（ヘブ11・1）

「すべての命は、
神さまに祝福された尊い命。
どんな人生にも
必ず生きる意味がある」、
強くそう願い、確信する心こそ信仰です。

言葉の力

ある者たちが立ち上がり、
ステファノと議論した。
しかし、彼が知恵と〝霊〟とによって
語るので、歯が立たなかった。（使6・9−10）

愛に突き動かされて語るとき、
その人の言葉に力が宿ります。
その力こそが聖霊なのです。
純粋な愛で語る人には、
誰も太刀打ちできません。

10月18日

10月19日

名前を呼ぶ

羊飼いは自分の羊の名を呼んで連れ出す。
自分の羊をすべて連れ出すと、
先頭に立って行く。
羊はその声を知っているので、ついて行く。（ヨハ10・3－4）

羊飼いは、すべての羊に名前を付け、
名前を呼んでかわいがります。
名前を呼ぶのは愛のしるし。
まずは相手の名前を覚え、
名前を呼んで話しかけましょう。

10月20日

赦《ゆる》しあう

弱い人間にすぎない者が、
憤りを抱き続けるならば、
いったいだれが
彼の罪を赦すことができようか。
自分の最期に心を致し、敵意を捨てよ。
（シラ28・5−6）

お互いに、いずれは死んでゆく人間同士。
そのことを思い出せば、
喧嘩をしてもつまらないと気づくでしょう。

10月21日

感謝して食べる

神は……恵みをくださり、
天からの雨を降らせて実りの季節を与え、
食物を施して、あなたがたの心を
喜びで満たしてくださっているのです。（使14・17）

神さまは、四季折々に実りを与え、
わたしたちを養ってくださいます。
おいしく頂くことで、
その恵みに感謝しましょう。

心を変える

あなたの敵が飢えていたら食べさせ、
渇いていたら飲ませよ。
そうすれば、
燃える炭火を彼の頭に積むことになる。（ローマ12・20）

敵と思って攻撃していた相手から、
困ったときに助けてもらったなら、
その人はきっと、
自分の行いを深く恥じるでしょう。
敵だからこそ愛しましょう。

10月22日

10月23日

熟慮する

もし、あなたが軽率に言葉を吐かず
熟慮して語るなら
わたしはあなたを、わたしの口とする。（エレ15・19）

口を開く前に、
「神さまはいま、わたしを通して
この人に何を話したいのだろう」
と考えるようにしましょう。
それが熟慮ということです。

希望の光

イエスが二人の目に触り、
「あなたがたの
信じているとおりになるように」
と言われると、
二人は目が見えるようになった。（マタ9・29–30）

信じて心を開くとき、
心に希望の光が射し込みます。
自分が愛されていることを、
心から信じられますように。

10月24日

10月25日

連れ戻すために

「キリスト・イエスは、
罪人《つみびと》を救うために世に来られた」
という言葉は真実であり、
そのまま受け入れるに値します。
わたしは、その罪人の中で最たる者です。（一テモ1・15）

こう書いた使徒パウロは、
かつて、キリスト教徒を迫害していました。
キリストは、道を間違えた人を、
正しい道に連れ戻すために来られたのです。

荷物を下ろす

わたしは柔和で謙遜な者だから、
わたしの軛《くびき》を負い、わたしに学びなさい。
……わたしの軛は負いやすく、
わたしの荷は軽いからである。（マタ11・29－30）

いま背負っている荷物を
確認してみましょう。
欲張って、身の丈に合わない荷物、
自分には大きすぎる荷物を
背負い込んでいないでしょうか。

10月26日

10月27日

揺るぎない土台

家を建てる者の退けた石が
隅の親石となった。
これは主《しゅ》の御業《みわざ》
わたしたちの目には驚くべきこと。（詩118・22－23）

社会の片隅、
誰も見ていないようなところで、
社会を懸命に支えている人たちがいます。
その人たちこそ、隅の親石、
この社会の揺るぎない土台なのです。

変わらないもの

太陽の下《もと》、新しいものは何ひとつない。
見よ、これこそ新しい、と言ってみても
それもまた、永遠の昔からあり
この時代の前にもあった。（コヘ1・9―10）

いくら新しいものを追いかけても、
満足することはありません。
時代を越えて変わらないもの、
どんな時代にも
人の心を満たすものを探しましょう。

10月28日

10月29日

愛に替える

もし完全になりたいのなら、
行って持ち物を売り払い、
貧しい人々に施しなさい。
そうすれば、天に富を積むことになる。（マタ19・21）

地上でお金をためても、
天国に持ってゆくことはできません。
困っている人たちのために使って
愛に替え、天国に蓄えておけば、
天国で受け取ることができるでしょう。

一滴の雨

雨も雪も、ひとたび天から降れば
むなしく天に戻ることはない。
それは大地を潤し、芽を出させ、
生い茂らせ
種蒔《ま》く人には種を与え
食べる人には糧《かて》を与える。（イザ55・10）

わたしたちの命も一滴の雨。
しかし、この一滴がなければ、
芽吹かない愛もあるのです。

10月30日

10月31日

正直な言葉

主《しゅ》よ、もう十分です。
わたしの命を取ってください。
わたしは先祖にまさる者ではありません。（王上19・4）

こう弱音を吐く預言者エリヤを、
神さまは食べ物と水で励ましました。
神さまは、わたしたちの弱音さえ、
祈りとして聞き届けてくださる方。
正直な言葉で、神さまに語りかけましょう。

11
月

11月1日

新しい心

新しいぶどう酒は、
新しい革袋に入れねばならない。（ルカ5・38）

発酵している新しいぶどう酒を、
硬くなった古い革袋に入れれば、
革袋が破れてしまいます。
神さまの恵みもそれと同じ、
古い思い込みから解放された、
新しい心で受け止めましょう。

11月2日

消えない愛

しばらくすると、
あなたがたはもうわたしを見なくなるが、
またしばらくすると、わたしを見るようになる。（ヨハ16・16）

別れの悲しみの中で、
自分がどれだけその人から愛され、
その人を愛していたかに気づくとき、
わたしたちの心の目が開かれます。
いつまでも消えない真実の愛が、
涙の向こうに見えてくるのです。

11月3日

壁を越える

もはや、ユダヤ人もギリシア人もなく、
奴隷も自由な身分の者もなく、
男も女もありません。（ガラ3・28）

心を満たした愛は、
国籍、身分、性別など関係なく、
すべての人に向かって
あふれ出してゆきます。
愛は、すべての壁を越えるのです。

神のもとへ

今わたしは、
わたしをお遣《つか》わしになった方のもとに
行こうとしているが、あなたがたはだれも、
「どこへ行くのか」と尋ねない。（ヨハ16・5）

死とは、神さまのもとに帰ること。
その人がもうここにいないのを嘆くより、
いまどこにいるかを思うことで、
死の悲しみを乗り越えられますように。

11月4日

11月5日

ゆしるあう

一切高ぶることなく、
柔和で、寛容の心を持ちなさい。
愛をもって互いに忍耐し、
平和のきずなで結ばれて、
霊による一致を保つように努めなさい。（エフェ4・2－3）

自分の小ささ、
不完全さを知る謙虚な心こそ、
神さまと出会った何よりのしるし。
互いにゆるしあうことができますように。

心の「倉」

**善い人は良いものを入れた
心の倉から良いものを出し、
悪い人は悪いものを入れた倉から
悪いものを出す。**（ルカ6・45）

心の最も奥深いところには、
神さまの愛で満ちた「倉」があります。
心の浅いところにあって開けやすい、
恐れや不安の「倉」ではなく、
心の奥深くにある愛の「倉」を開きましょう。

11月6日

11月7日

感謝して帰る

わたしは裸で母の胎を出た。
裸でそこに帰ろう。
主《しゅ》は与え、主は奪う。
主の御名《みな》はほめたたえられよ。（ヨブ1・21）

何も持たずにやってきたわたしたち。
すべてを返して天に帰るのは、
ある意味で当たり前のこと。
惜しむことなく、
むしろ感謝してお返ししましょう。

11月8日

引き寄せる

イエスは、「わたしについて来なさい。
人間をとる漁師にしよう」と言われた。
二人はすぐに網を捨てて従った。（マタ4・19－20）

人々を集めるために、
漁師の網は必要ありません。
喜びにあふれた笑顔、
力に満ちた語り口、
惜しみない奉仕の心こそ、
人を引き寄せる網なのです。

11月9日

言葉を心に刻む

あなたがたがわたしにつながっており、
わたしの言葉が
あなたがたの内にいつもあるならば、
望むものを何でも願いなさい。
そうすればかなえられる。（ヨハ15・7）

大切な人の思い出を心に刻み、
その人の言葉を思い出して味わうとき、
わたしたちの心に力が生まれます。
その力が困難を乗り越えさせてくれるのです。

まず自分から

人にしてもらいたいと思うことは何でも、あなたがたも人にしなさい。（マタ7・12）

話を聞いてもらいたいなら、
まず人の話に耳を傾けましょう。
助けてもらいたいと思うなら、
まず困っている人を助けましょう。
不平不満を言うよりも、
まず自分から始めましょう。

11月10日

11月11日

主《しゅ》を呼ぶ

深い淵の底から、主よ、あなたを呼びます。
主よ、この声を聞き取ってください。
嘆き祈るわたしの声に耳を傾けてください。（詩130・1－2）

たとえすべての人が見捨てても、
神さまだけは
わたしたちを決して見捨てません。
苦しみをともに担い、
一緒に涙を流してくださるのです。

同じ人間

人を偏り見るのはよくない。
だれでも一片のパンのために
罪を犯しうる。（箴28・21）

どんな立派な人でも、
極限状態に追い込まれれば、
何をしでかすか分かりません。
どこまでいっても、
わたしたちは弱い人間。
いたわりあって生きられますように。

11月12日

11月13日

立ち上がる力

これは、あなたがたのための
わたしの体である。
わたしの記念としてこのように行いなさい。（一コリ11・24）

パンを裂いて渡しながら、
イエスはこう言いました。
万感の思いを込めて裂いたとき、
このパンにイエスの愛が宿ったのです。
愛に満たされた食事の思い出を、
心にしっかり刻みましょう。

愛の模範

わたしがあなたがたを愛したように、
互いに愛し合いなさい。（ヨハ15・12）

ただ「愛し合いなさい」と言われても、
どうしたらよいか分かりません。
「わたしがあなたがたを愛したように」、
この一言をいうために、
イエスはこの地上に生まれ、
わたしたちとともに生きたのです。

11月14日

11月15日

自分の役割

自分に命じられたことをみな果たしたら、
「わたしどもは取るに足りない僕《しもべ》です。
しなければならないことをしただけです」
と言いなさい。（ルカ17・10）

「こんなにやったのに、
誰も褒めてくれない」と、
つい愚痴を言ってしまうわたしたち。
誰かの役に立つことができた、
そのこと自体に感謝できますように。

まずは家族

自分の家に帰りなさい。
そして身内の人に、主《しゅ》があなたを憐《あわ》れみ、
あなたにしてくださったことを
ことごとく知らせなさい。（マコ5・19）

不安や恐れに心をかき乱され、
荒れ野をさまよっていた男に、
イエスはこう語りかけました。
もし救われたのなら、まずは家族に、
喜びの知らせを届けましょう。

11月16日

11月17日

ぬくもりを添えて

日が暮れると、いろいろな病気で苦しむ者を
抱えている人が皆、
病人たちをイエスのもとに連れて来た。
イエスはその一人一人に
手を置いていやされた。（ルカ4・40）

癒やしの恵みは、手やまなざしの
ぬくもりを通して注がれるもの。
手渡す物、話す言葉の一つひとつに、
ぬくもりを添えて届けましょう。

悪魔の入り口

身を慎んで目を覚ましていなさい。
あなたがたの敵である悪魔が、
ほえたける獅子のように、
だれかを食い尽くそうと探し回っています。（一ペト5・8）

わずかな思い上がりでも、
悪魔が見逃すことはありません。
そこから心に入り込み、
わたしたちを滅ぼしてしまうのです。
いつも謙虚でいられますように。

11月18日

11月19日

内なる人

わたしたちは落胆しません。
たとえわたしたちの「外なる人」は
衰えていくとしても、
わたしたちの「内なる人」は
日々新たにされていきます。（二コリ4・16）

たとえ体は衰えても、
わたしたちの心は日々、新しくされ、
力を失うことがありません。
祈る力は、十分に残されているのです。

11月20日

自分の弱さ

あなたたちの中で
罪を犯したことのない者が、
まず、この女に石を投げなさい。（ヨハ8・7）

誰かを厳しく非難するとき、
自分のことは
すっかり棚に上げているわたしたち。
自分自身の弱さを思い出せば、
厳しい言葉は、きっと
いたわりの言葉に変わるでしょう。

11月21日

隠された泉

わたしは不毛の高原に大河を開き
谷あいの野に泉を湧き出させる。
荒れ野を湖とし
乾いた地を水の源とする。（イザ41・18）

悲しみの底に落ちたとき、
わたしたちはそこに、
湧き上がる愛の泉を見つけるでしょう。
どれほどすさんだ心にも、
必ず泉が隠されているのです。

対話によって

こんなに長い間一緒にいるのに、
わたしが分かっていないのか。
わたしを見た者は、父を見たのだ。（ヨハ14・9）

どんなに長く一緒にいても、
相手を分かっているとは限りません。
その人の心の最も奥深くにある
真実の愛に気づくことができるまで、
心を開いて対話を重ねましょう。

11月22日

11月23日

大工の息子

この人は、このような知恵と奇跡を
行う力をどこから得たのだろう。
この人は大工の息子ではないか。（マタ13・54－56）

イエス・キリストは、
山間部の小さな町で
家族のため、地域の人々のために
汗水たらして働く大工の息子。
日々のたゆまぬ労働の中で、
知恵と力を身につけたのです。

残るもの

やもめたちは皆そばに寄って来て、
泣きながら、
ドルカスが一緒にいたときに作ってくれた
数々の下着や上着を見せた。（使9・39）

わたしたちが去っても、
誰かにささげた愛は残ります。
手に入れた名誉や財産は消えても、
誰かにささげた愛だけは、
永遠に消えることがないのです。

11月24日

11月25日

まっすぐ語る

曲がった言葉を
あなたの口から退け
ひねくれた言葉を
唇から遠ざけよ。（箴4・24）

心が屈折していると、
口から出る言葉も曲がります。
まっすぐな心で、
まっすぐな言葉を語りましょう。

命の物語

神は北斗やオリオンを
すばるや、南の星座を造られた。
神は計り難く大きな業《わざ》を
数知れぬ不思議な業を成し遂げられる。（ヨブ9・9―10）

広大な宇宙で星々が繰り広げる、
生成と消滅の物語。
この地球で命が繰り広げる、
誕生と死の物語。
どちらも神さまの手の中にあるのです。

11月26日

11月27日

身を低くする

婚宴に招待されたら、
上席に着いてはならない。
あなたよりも身分の高い人が招かれており、
あなたやその人を招いた人が来て、
「この方に席を譲ってください」
と言うかもしれない。（ルカ14・8−9）

自分を高く上げる人は
落とされる可能性がありますが、
低くする人が落とされることはないのです。

理由を確かめる

我々の律法によれば、
まず本人から事情を聞き、
何をしたかを確かめたうえでなければ、
判決を下してはならないことに
なっているではないか。（ヨハ7・51）

別の角度から見ると、同じ行動が
まったく違った意味を持つ場合があります。
なぜ、どんな理由から行動したのか、
まずは本人に確かめましょう。

11月28日

11月29日

初心に帰る

先にいる多くの者が後になり、
後にいる多くの者が先になる。（マコ10・31）

経験や実績を誇るようになれば、
それより先に進めないばかりか、
むしろ後戻りしてしまいます。
絶えず初心に立ち返り、
謙虚な気持ちで
奉仕することができますように。

そばにいると

群衆は皆、
何とかしてイエスに触れようとした。
イエスから力が出て、
すべての人の病気をいやしていたからである。（ルカ6・19）

愛し、愛されて生きる喜びは、
わたしたちの全身からあふれ出し、
周りの人たちを励まします。
「そばにいると元気がもらえる」、
そんな人になれますように。

11月30日

12月

12月1日

無条件の愛

わたしが命のパンである。
わたしのもとに来る者は
決して飢えることがなく、
わたしを信じる者は
決して渇くことがない。（ヨハ6・35）

体の飢えはパンで癒やせますが、
心の飢えを癒やせるのは命のパン、
その人の命をあるがままに受け入れる、
無条件の愛だけなのです。

人間の救い

見よ、兄弟が共に座っている。
なんという恵み、なんという喜び。（詩133・1）

それぞれ違った人生を歩み、
それぞれの良さと欠点を持つ兄弟姉妹が、
互いを認めあい、
ともに受け入れあっている。
それこそが救いであり、天国なのです。

12月2日

12月3日

必要なこと

あなたは多くのことに思い悩み、
心を乱している。
しかし、必要なことはただ一つだけである。（ルカ10・41―42）

人からどう見られるかを気にしたり、
人と自分を比べたり、
人との関係で
心を乱してしまいがちなわたしたち。
必要なのは、自分自身に与えられた役割を、
喜んで果たすことだけなのです。

愛の言葉

わたしがあなたがたに言う言葉は、
自分から話しているのではない。
わたしの内におられる父が、
その業《わざ》を行っておられるのである。（ヨハ14・10）

自分が話したいことより、
神さまがわたしたちを通して
相手に伝えたいことを話せますように。
心の底から湧き上がる、
愛の言葉だけを話せますように。

12月4日

12月5日

理解できなくても

ダビデの子ヨセフ、
恐れず妻マリアを迎え入れなさい。
マリアの胎の子は
聖霊によって宿ったのである。（マタ1・20）

神さまのなさることは、
人間の理解をはるかに超えています。
たとえ自分には理解できないことでも、
神さまを信頼し、
恐れず受け入れられますように。

欠けているもの

あなたに欠けているものが一つある。
行って持っている物を売り払い、
貧しい人々に施しなさい。（マコ10・21）

自分の魂の救いを願い、
そのための努力を惜しまない人に、
たった一つ欠けているもの。
それは、他の人への関心です。

12月6日

12月7日

一歩を踏み出す

神に近づきなさい。
そうすれば、
神は近づいてくださいます。（ヤコ4・8）

自分の間違いに気づき、
神さまの方へ一歩でも踏み出すなら、
その瞬間に神さまは
わたしたちのもとに駆け寄り、
わたしたちを抱きしめてくださいます。

12月8日

愛が宿る

聖霊があなたに降《くだ》り、
いと高き方の力があなたを包む。
だから、生まれる子は聖なる者、
神の子と呼ばれる。（ルカ1・35）

神さまの手に身を委ねるとき、
わたしたちの心は、
不思議な喜びに満たされます。
心が喜びで満たされるとき、
わたしたちの心に愛が宿るのです。

12月9日

知るべきこと

自分は何か知っていると思う人がいたら、
その人は、
知らねばならぬことをまだ知らないのです。（一コリ8・2）

愛の大切さを知れば知るほど、
人は謙虚になってゆくもの。
思い上がり、高ぶっている人は、
自分が神さまや隣人からの
愛なしでは生きられないことに、
まだ気づいていないのです。

忍耐強く

怠けている者たちを戒めなさい。
気落ちしている者たちを励ましなさい。
弱い者たちを助けなさい。
すべての人に対して忍耐強く接しなさい。（一テサ5・14）

すべての人が、かけがえのない命、
限りなく尊い神さまの子ども。
見捨ててもよい人など、
誰ひとりとしていないのです。

12月10日

12月11日

真心を込めて

この貧しいやもめは、
だれよりもたくさん入れた。
あの金持ちたちは皆、
有り余る中から献金したが、
この人は、乏しい中から
持っている生活費を全部入れたからである。（ルカ21・3－4）

神さまが見ておられるのは、
その行いに込められた愛の大きさ。
できることを、真心込めてすればよいのです。

寄り添う神

「見よ、おとめが身ごもって男の子を産む。その名はインマヌエルと呼ばれる。」この名は、「神は我々と共におられる」という意味である。（マタ1・23）

高いところから見下ろしていては、
寄り添うことなどできません。
天から降《くだ》った
イエス・キリストの模範に従い、
相手と同じ高さに立ちましょう。

12月12日

12月13日

隣人になる

「あなたはこの三人の中で、
だれが追いはぎに襲われた人の
隣人になったと思うか。」
律法の専門家は言った。
「その人を助けた人です。」（ルカ10・36―37）

隣人とは、苦しんでいるときに
助けの手を差し伸べてくれる人のこと。
苦しんでいる誰かを愛するとき、
わたしたちはその人の隣人になるのです。

12月14日

愛の大きさ

ごく小さな事に忠実な者は、
大きな事にも忠実である。
ごく小さな事に不忠実な者は、
大きな事にも不忠実である。（ルカ16・10）

小さなことにまで忠実であるなら、
それは、その人が
相手を本当に愛しているしるし。
愛の大きさは、
小さなことの中にこそ現れるのです。

12月15日

殻を破る

一粒の麦は、地に落ちて死ななければ、
一粒のままである。
だが、死ねば、多くの実を結ぶ。（ヨハ12・24）

自分の殻に閉じこもっている限り、
わたしたちはいつまでも種のまま。
思い込みの殻を破り、
新しい一歩を踏み出しましょう。

十分な恵み

わたしたち一人一人に、
キリストの賜物《たまもの》のはかりに従って、
恵みが与えられています。（エフェ4・7）

わたしたち一人一人に、
それぞれ幸せになるために
十分な恵みが与えられています。
必要なのは、その恵みに気づき、
その恵みを活かすことだけです。

12月16日

12月17日

わたしにさえ

わたしの魂は主《しゅ》をあがめ、
わたしの霊は
救い主である神を喜びたたえます。
身分の低い、この主のはしためにも
目を留めてくださったからです。（ルカ1・46－48）

マリアは、こう言って神をたたえました。
「こんなわたしにさえ、
神さまは大切な使命を与えてくださった。」
そう思える謙虚さをマリアに学びましょう。

遠慮はいらない

あなたがたはもはや、
外国人でも寄留者でもなく、
聖なる民に属する者、神の家族であり、
使徒や預言者という
土台の上に建てられています。（エフェ2・19－20）

神の導きで、家族になったわたしたち。
遠慮する必要はありません。
互いの弱さを認めあい、
助けあうからこそ家族なのです。

12月18日

12月19日

愛の火

わたしが来たのは、
地上に火を投ずるためである。
その火が既に燃えていたらと、
どんなに願っていることか。（ルカ12・49）

燃え上がった愛の火は、
わたしたちの心の中にある
乱れた思いや執着、怠惰を焼き払い、
同時に周りの人々の心を照らします。
心を愛で燃やしましょう。

幸いな人

むしろ、幸いなのは
神の言葉を聞き、
それを守る人である。（ルカ11・28）

母親が胎に新しい命を宿し、
育むように、
心に神さまの愛を宿し、
育てることができますように。

12月20日

12月21日

新しい創造

大切なのは、
新しく創造されることです。（ガラ6・15）

神さまはこの世界を、
一瞬ごとに新しく創造される方。
古い自分を手放すとき、
わたしたちは、
新しい命に満たされた、
新しい自分に生まれ変わるのです。

本当に偉い人

あなたがた皆の中で
最も小さい者こそ、
最も偉い者である。（ルカ9・48）

誰一人として見下さない人。
どんな相手の中にも
自分にはない
よさを見つけて敬える人。
すべての人の下に立つその人こそ、
本当に偉い人なのです。

12月22日

12月23日

天からの恵み

わたしたちは、
四方から苦しめられても行き詰まらず、
途方に暮れても失望せず、
虐げられても見捨てられず、
打ち倒されても滅ぼされない。（二コリ4・8－9）

東西南北、すべてから囲まれても、
あきらめる必要はありません。
わたしたちには、
天から降り注ぐ神の恵みがあるのです。

生まれる場所

マリアは月が満ちて、
初めての子を産み、
布にくるんで飼《か》い葉《ば》桶《おけ》に寝かせた。
宿屋には彼らの
泊まる場所がなかったからである。（ルカ2・6－7）

自分のことで心がいっぱいだと、
イエスの生まれる場所がありません。
心を整理して、イエスが生まれる場所、
愛が生まれる場所を準備しましょう。

12月24日

12月25日

愛を告げる人

この憐《あわ》れみによって、
高い所からあけぼのの光が我らを訪れ、
暗闇と死の陰に座している者たちを照らし、
我らの歩みを平和の道に導く。（ルカ1・78－79）

「わたしは誰にも愛されない」

と思い込んでいる人たちに、

「神さまはあなたを愛している」

と語りかける方。

それがイエス・キリストなのです。

輝き始める

起きよ、光を放て。
あなたを照らす光は昇り
主《しゅ》の栄光はあなたの上に輝く。（イザ60・1）

「わたしは愛されている」
と確信するとき、
わたしたちは輝き始めます。
顔が輝き、
人生そのものが輝き始めるのです。

12月26日

12月27日

ぶどう酒の奇跡

だれでも初めに良いぶどう酒を出し、
酔いがまわったころに
劣ったものを出すものですが、
あなたは良いぶどう酒を
今まで取って置かれました。（ヨハ2・10）

人々の心を励まそうとして、
イエスは水をぶどう酒に変えました。
イエスは、人間の弱さを知り、
弱さに寄り添ってくださる方なのです。

心に納める

両親にはイエスの言葉の
意味が分からなかった……
母はこれらのことを
すべて心に納めていた。（ルカ2・50－51）

意味が分からないときは、
すぐに「無意味だ」と決めつけず、
「わたしにはまだ意味が分からない」
と考えましょう。心に納めて問い続ければ、
いつか必ず分かる日がやってきます。

12月28日

12月29日

奇跡の力

この種のもの（汚《けが》れた霊）は、
祈りによらなければ
決して追い出すことはできないのだ。（マコ9・29）

大切なのは、神さまの手に委ねること。
わたしたちの力ではできないことでも、
神さまならば必ずできる。
その信頼が、奇跡を起こすのです。

石が叫ぶ

言っておくが、
もしこの人たちが黙れば、
石が叫びだす。（ルカ19・40）

人々がイエスをたたえるのを
止めさせようとした人に、
イエスはこう語りかけました。
救い主の到来を喜んでいたのは、
世界そのものだったのです。

12月30日

12月31日

神が宿る

言《ことば》は肉となって、
わたしたちの間に宿られた。
わたしたちはその栄光を見た。（ヨハ1・14）

人と人とが出会い、
わたしたちの間に愛が生まれるとき、
そこに神がおられます。
この一年のすべての出会いに感謝し、
わたしたちの間に宿られた神とともに、
あたたかな心で一年を終えましょう。

おわりに

聖書の言葉は、二千年以上の長い年月を生き抜き、たくさんの人たちの心のよりどころとなってきました。古代、中世、近代、現代とそれぞれの時代に、苦しみや悲しみ、痛みを抱えたたくさんの人たちが聖書を開き、その言葉から生きる力を汲み取ってきたのです。聖書の言葉は、いつまでも涸れない恵みの泉といってもよいかもしれません。

この本には、聖書から短い言葉を選び出して収めています。もしその中に、何か強く語りかけてくる言葉、心をひかれる言葉があれば、ぜひ聖書の本文を開いて前後の言葉も読んでみてください。あなたのために準備され、あなたが頁を開くのをずっと待っていた言葉たちが、きっとあなたを出迎えてくれるはずです。

《著者紹介》

片柳弘史（かたやなぎ・ひろし）

1971年埼玉県上尾市生まれ。1994年慶應義塾大学法学部法律学科卒業。1994−1995年インド・コルカタにてボランティア活動に従事。マザー・テレサから神父になるよう勧められる。1998年イエズス会入会。現在は山口県宇部市で教会の神父、幼稚園の講師、刑務所の教誨師として働く。

『何を信じて生きるのか』（PHP研究所）、『ひめくりすずめとなかまたち』（キリスト新聞社）など著作多数。

装丁・本文レイアウト＝後藤葉子　装画・挿絵＝今井夏子

編集＝伊藤尚子

日々を生きる力――あなたを励ます聖書の言葉366

2022年11月30日　初版発行

著　者　片柳弘史

発行者　渡部　満

発行所　株式会社　教文館

〒104-0061　東京都中央区銀座4-5-1

電話 03(3561)5549　FAX 03(5250)5107

URL　http://www.kyobunkwan.co.jp/publishing/

印刷所　モリモト印刷株式会社

配給元　日キ販　〒162-0814　東京都新宿区新小川町9-1

電話 03(3260)5670　FAX 03(3260)5637

ISBN978-4-7642-0040-1　Printed in Japan